铁路站段管理干部的智慧思路和方法

臧修生 著

中国铁道出版社

2017年·北京

图书在版编目(CIP)数据

铁路站段管理干部的智慧思路和方法/臧修生编著.—北京:中国铁道出版社,2007.3（2017.6 重印）

ISBN 978-7-113-07616-0

Ⅰ.铁…　Ⅱ.臧…　Ⅲ.铁路运输-交通运输管理-干部教育-教材　Ⅳ.F530.6

中国版本图书馆 CIP 数据核字(2007)第 029479 号

书　　名：铁路站段管理干部的智慧思路和方法

作　　者：臧修生

出版发行：中国铁道出版社（100054，北京市西城区右安门西街 8 号）

责任编辑：江新锡　张永国

封面设计：薛小卉

插　　图：刘军跃

印　　刷：北京鑫正大印刷有限公司

开　　本：850×1168　1/32　印张:7　字数：178 千

版　　本：2007 年 3 月第 1 版　　2017 年 6 月第 3 次印刷

印　　数：5 001～6 000 册

书　　号：ISBN 978-7-113-07616-0

定　　价：16.00元

适应铁路发展　提高管理素质

（序　　言）

蔡庆华

随着铁路体制改革的深入和生产力布局的调整，在铁路局直接管理站段以后，对处于深化改革和加快发展之中的基层干部的素质和能力提出了新的更高要求。提高干部管理素质，把管理素质转化为管理执行能力，已经成为我们铁路运输企业确保安全、发展生产、增强活力的重要途径和动力。在新的管理体制下，铁路运输企业的各级干部，都应当尽快适应新形势发展的要求，努力学习经营管理知识，学会系统思维、战略思维和创造性思维，尽快提高经营管理素质，不断增强安全运输生产的组织指挥能力，包括调查研究、科学决策、组织协调和创造性开展工作等方面的能力，把部、局对于运输管理工作的各项方针政策落到实处，确保运输管理的有序运行、安全生产的持续稳定和各项任务的圆满完成。

长期以来，我们铁路运输企业的广大干部，兢兢业业，艰苦奋斗，为铁路事业的发展做出了突出贡献，表现出崇高的精神境界和道德风尚。但由于铁路运输系统管理层次多，计划经济体制的影响力较深，使基层干部就事论事较多，自主创新不够，统筹协调能力不强，不少同志存在着这样或那样的局限性。比较突出的是在管理理念、经营谋略、工作思路和组织管理方法上，带有一定的片面性和局限性。在新的铁路管理体制和市场经济体制下，我们的各级干部，尤其是基层站段管理者，应该从过去固有思维定式的束缚和局限中解脱出来，树立新理念，开拓新思路。要用全局的、系统的、发展的观点看问题，正确处理好局部利益与全局利益、眼前利益与长远利益、企业利益与群众利益、单位效益与社会效益等方面的诸多利益关系，注重协调，注重管理，注重策略，注重方法，注重结合，注重落实，努力提高统筹能力、决策能力、凝聚能力、控制能力和执行能力，成为适应新形势发展需要的高素质的基层管理干部。

提高素质的根本出路在于加强学习。一方面要坚持认真看书学习，解放思想，转变观念，吸收管理科学领域最新的理念、思路和方法，提高科学理论水平。另一方面也是非常重要的方面，就是要坚持立足现实，用理论指导工作，勇于实践，善于总结。在管理中学习管理，努力把握基层管理工作的规律，把经验上升为理论，再用以解决基层站段管理中的实际问题，循环往复，不断提高。

《铁路站段管理干部的智慧思路和方法》这本书，紧密联系基层站段运输生产、经营管理的实际，从安全理念、管理思路、谋事用人、协调策划、班子建设、领导方法、执行能力等方面，对车间以上基层管理者的理念、思路、谋略与方法进行了有益的探索和论述，这既是作者长期以来实践工作经验的认真总结，也体现了他独立思考，积极创造的精神。我们广大基层管理者都要努力学习运用领导科学，研究企业管理和运输生产规律，在扎实做好管理工作的同时，善于把管理经验上升为理性认识，再反过来指导生产实践。那样，铁路的管理工作将产生一个新的飞跃。

2006 年 4 月

前　言

我们正处于一个飞速发展的时代，铁路企业及其领导者、管理者面对的环境总是在不断的变化。为了能应对复杂的竞争环境，在优胜劣汰的竞争中始终处于不败之地，每个人的思想观念必须时时调整创新，领导管理谋略需要经常丰富完善，执行力需要随时随地得到强化和提升。

本书将要告诉你，作为一个企业领导者、管理者在新形势下应具备的领导素养和方法艺术。铁路作为一个大联动机夜以继日地不停运转，在繁杂的事物中探求本质，在连续的工作中摸索规律，会使你长就一副成功的翅膀；中层领导是企业的中坚和“脊梁”，具备基本素养，熟知沟通协调术将会使你纵贯横通、游刃有余；“精通合作共事之道是事业成功的基石”，面对客观复杂的现实，善于营造周际和谐顺畅的环境，将会使你充满工作的愉悦，免除不必要的困惑和烦恼；企业转轨变型时期的发展趋向，带来了许多始料不及的新情况、新课题，领导者、管理者如何面对改革，适应变化，调整自己，善待他人，拥有一个新的舞台，需要交出一个较为满意的答卷。

这本书来自实践，本人从20余年的铁路企业管理生涯中总结、梳理了一些点点滴滴的做法，就事论理，提升为较为系统、理性的工作技巧，同各个系统的领导者、管理者交流、切磋，以启发思维，互通有无，并再次回归到现实的管理实践中，求得充实和完美。

本书力求突出实用性、可操作性，论述深入浅出，不讲空泛抽象的大话、套话，通过企业日常活动的所见所闻所思，提出自己的具体观点，探讨人们经常遇到的日常管理课题，提供一些解决问题的思路和方法，尽管这些答案可能不太全面，但愿能引发人们更多的思考，以提升企业管理工作的水准和有效性。

本书紧贴铁路发展的脉络，关注企业改革态势，捕捉领导者、管理者的现实需求，力求从大众普遍关心的管理话题着眼，帮助人们从新的思维、新的角度、新的感悟中开阔视野，活跃思维，调节情绪，把握技巧，提升自己解决各种现实迫切需要解答的课题的素养和能力。

本书在撰写准备阶段，参考借鉴了一些资料、文献，由于通讯渠道所限，未能逐一沟通联系，在此，对各位著作者的宝贵支持表示衷心的感谢！也感谢铁路企业的许多老领导和同仁，他们直接或间接地提供了丰富的领导管理工作方法和实例。

在著书过程中，冯春平、陈忠升、张雪岷、何中立、王静、彭云、关富胜等培训基地的领导和同事们从各个方面给予了大力支持和帮助，在此表示谢意。

本书插图作者：刘军跃。

臧修生

2006年2月

目　　录

一、自我修养篇

二、沟通协调篇

三、团结共事篇

四、居安思危篇

五、适应调整篇

一、自我修养篇

1. 提升领导艺术有必要

中层以上干部应懂一点领导科学，提高自身素质。加强两级班子建设，我觉得应该强调“三政”：廉政、勤政和智政。廉政，是对中层以上干部的起码要求，这里没有深奥的道理，就是要讲廉洁奉公。中国的老百姓都喜欢清官，不廉怎么能清，这是讲廉政。勤政和廉政是联系的，为官一任，造福一方，那是要花心血，要流汗水的。不深入实际，不研究新情况、新问题，当官不干事，也不行，这就是要勤政。勤勤恳恳，忙忙碌碌，晴天一身土，雨天一身泥，是否就能把事情办好了，也未必。好心办错事，辛辛苦苦把事情办糟办砸了，甚至花钱买教训的事也不少见。工作要有新思路，所谓新思路就是智慧，是方法，是谋略，是素质，不是随心所欲的拍脑门。这就是以智行政。要有独到的建树，必须有全面完备的素质，有科学对路的方法。所谓“三政”，廉政，我们学过不少文件、条规；勤政，我们办培训班、开会经常讲。今天我们中层以上干部增强素质掌握领导方法，应突出探讨领导科学。讲领导科学先说什么叫领导？说来简单，可是很难下一个简明准确的定义。我们说，领导乃是一种活动和行为，是人类社会活动中重要的，不可缺少的一种职能。

马克思说过：“一切规模较大的直接社会劳动或共同劳动，都或多或少地需要指挥，以协调个人的活动。一个单独的提琴手是自己指挥自己，一个乐队就需要一个乐队指挥”。

什么是领导艺术？简单地说“是在一定的知识和经验的基础上的领导技能”。那么什么叫领导科学呢？领导科学是研究领导活动规律及其有效运用的科学。那么领导科学和领导艺术之间是个什么关系呢？我说，领导科学好比一个稳固的硬核；领导艺术好比硬核外围的皮肉，没有外围的皮肉，稳固的硬核就不能形成；没有稳固的硬核，外围的皮肉就支撑不起来。可以说，仅有领导经验，就只能停留在浅层次的或者是支离破碎的基础之上，领导艺术就谈不到；有了领导科学这个内核，我们的领导经验就不仅仅是浅层次的简单堆积，而是发展到了高级阶段，成为一种有丰富内涵的领导科学。总起来讲，领导工作自古就有，但把领导工作作为一门科学的研究对象，历史还不算长。可以说领导科学是一门新兴的年轻科学，又是一门发展中的科学，也是一门不成熟的科学。如果拿一人的生长来比较，正处青年时代。但是还必须搞清，领导科学是一门非常重要的科学，有了它，一个干部才能如虎添翼，才能成为一个成熟的领导者。

那么，从当前来讲干部学习领导科学的重要性和必要性有哪些呢？我看起码有 3 条：

第一、形势的需要。可以说，我们已经走进一个新世纪。这不是一个年号的简单改变，而是一个新时代的到来。从另一方面讲，国际战略格局变了，过去的思维方式不灵了。职工队伍结构、思维方式、生活方式有了很大变化，以经济建设为中心建立和谐社会成为发展的主题，市场经济的建立对于我们来讲，是个全新的课题，铁路企业内外部环境变得让人们眼花缭乱，从各个方面向我们提出挑战，可以这样讲，我们面对的是一个非常复杂的环境，一个捉摸不定的现实。记得美国前总统有句名言：政治家不是要把人们引到他们希望去的地方，而是要把人们引到他们应该去的地方。从某种意义上讲，领导就是引导。所以领导必须比一般人要看得远些，要站在群众的前头。应该像毛泽东同志讲的“要借助望远镜和显微镜”，这个望远镜和显微镜从干部这个特定阶层来讲，就是领导干部自己的专业理论——领导科学。从另一个方面讲，增强领导素质，掌握领导科学已经成为大势所趋，形势所需。“现代领导工作要做到决策科学化，不研究掌握科学的规律是不行的。因此，每一个领导者都应该认真学习领导科学。”随着形势发展，素质增强十分重要，以智行政非常必要。领导科学不是学不学的问题，而是必须学，认真学好的问题。

第二、自身的需要。从中层干部队伍从事领导工作的现实，也可以看出学习领导科学的重要性、迫切性。生产布局调整后，许多站段撤并了，不少中层干部面临的工作是新的，环境是新的，面临的工作对象是新的，过去熟悉的东西闲置起来了，出现了好多不了解不适应的新状况、新课题。站段大了，管理方式要变；管的人多了，管理模式要变；岗位新了，过去的工作方法要变要调整。

第三、现实的需要。从总的情况看，我们中层干部素质是好的和比较好的。其工作实绩是上下公认的。但具体分析起来，仍然存在四强四弱的状况：就是创新争先意识强，但个别成员领导能力方法有待进一步提高；抓问题解决问题意识强，但部分成员从大局出发，观察分析问题，理性思维能力有待提高；对具体问题敢抓敢管不怕困难的决心信心强，但驾驭全面统筹兼顾的能力有待提高；团结共事共同干好工作愿望强，但相互了解，相互适应的协调能力有待提高。从另一角度看，职工的文化结构好了，好多人成了大学生、大专生，职工参与管理的意识强，这同中层以上干部的四强四弱确实存在一定反差，如果我们中层干部不注意自身学习，不强化素质的提高，时间一长，很自然地形成干群之间“素质倒挂”，这种说法不是无中生有，也不是杞人忧天，这种危机不能不引起我们的高度警觉。

原来在讲领导素质上有句话叫“高宽战略”，就是领导水平求高，干部素养求宽，干部水平素养要做到又高又宽。有一句话讲得好：“人的难多种多样，最难的是战胜自己，领导的难多种多样，最难的是强化自身。”这句话比较客观。还有一句话叫“人走不出去的是自己”，这话得从两方面看，又对又不对。对的成分就是战胜自己完善自己最难，说过了的成分就是难不是高不可攀，不是难而不为，难而不可为，难而不能为，说明强化自己完善自己很难就可以了，不能说过了头。但这句话起码说明战胜自己强化自己不是轻而易举的事。强化自身就是提高、增强自身素质。强化素质最难，但是我们要知难而进、迎难而上，不能打退堂鼓。长了本事还是自己的，谁也偷不去、抢不去，还是要在领导最难的增强素质上做文章、下功夫。

中层干部素质的高低，决定着车间班子和科室功能的发挥，关系着管理活动的成败。干部素质是干部先天本质和后天修养、生理条件和心理素质的综合反映。作为一个现代管理者，至少要在世界观和方法论、道德修养和能力才干、处事与待人、决策与用人等方面讲究理论和实践的结合，主观和客观的相符，目的和效果的一致。做到了这一点，才算干部素质对形势的基本适应，才算干部素质的基本完备。

2. 不断增加知识库存量

知识的重要性都清楚，学习的重要性、必要性大家都能说上几条。但是肯不肯学，善于不善于学的结果未必都能认清楚。过去有位领导干部说过一句话：凡是素质比较高的，有能力的、有水平的、有作为的领导干部，必然是善于学习的领导干部；反过来讲，凡是不善于学习的、缺乏理论素养的干部，缺乏理性思维的干部，不能算是一个合格、称职的干部，更不能算是一个成熟的优秀领导干部。现在有这样一种情况，同样是干部，同样是很忙，为什么有的“库存”量丰富，有的却不行。究其原因有两条：一是学习的不可替代性。别的事能代劳、能代替，学习却不行，必须亲自学、主动学。有位省委副书记一段话说得很实在：我们这些人当上这个职务，不就是一种特定的机遇吗？下雨没戴草帽，淋到头上了。昨天是一般干部，今天给了一张纸，成了中层干部，但素质还是昨天的素质。这时关键是你在别人没有强迫命令的情况下，靠自己自觉动手动脑在这张“纸”上写满自己的知识和技能。二是积累性。学习不能立竿见影，短时期不会见到大成效，它有一个见缝插针、日积月累的过程，有个时间安排、力量投入的问题。有的干部综合素质好，有的论文发布能获奖，有的调查报告写得好，恐怕关键是“功夫到

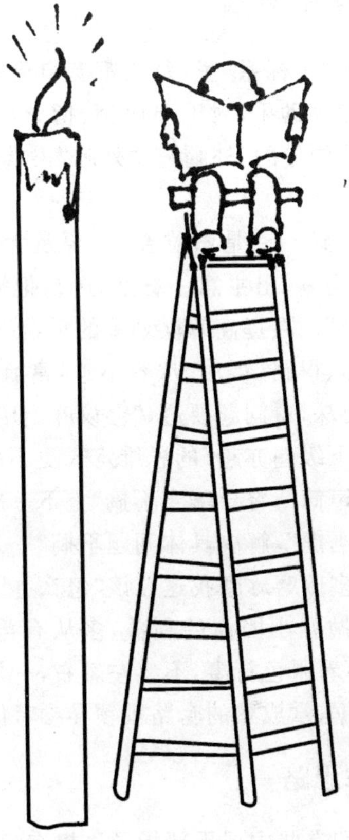

家”,根源是“功在文外”,“台上十分钟,台下十年功”。因此,我们要学会练就“台下功”,把学习当成高层次的精神需求,当成日常吃喝拉撒一样不可少的生理需求,“如饥似渴”,把学习当成一日作息时间的一个项目,当成必不可少的一个活动。在学习的必要性上,有一句话说得好:“宽打窄用”。宁可不用,不可不备,暂时用不着可以,用时没有那能耐大不可取。“书到用时方恨少”,这往往是不善于学习者的一个规律。平时注意学,日积月累,功到自然成,扩大知识库存量,等到用时,信手拈来,随意提取,以备日常工作需求和解决突发性问题的急需。

3. 筹谋划策当“外脑”

在企业这个大“坐标系”里，每人都有自己明确的位置。作为中层干部对上是参谋助手，对下要协调、指导，起着承上启下的关键作用。本身就是领导的“外脑”。“外脑”很重要的作用就是为领导筹谋划策。

如何当好“外脑”？一是站位要高，要从大局着想，从整体着眼，从领导角度想问题、出主意。看准方向，把握趋势，做到“小和尚也会念大庙的经”。在提高筹谋划策的采纳率上练就基本功，使参谋服务做到得体、得路、得法，从容不迫，富有底气；二是善于思考。就是想问题要深，看问题要透，“会议咋定咱咋办”的想法要不得，“上级步亦步，下级趋亦趋”的思维定式更不可取。也就是贯彻上级精神不当“传声筒”，督导落实不搞“上下一般粗”，学习外来经验做法不搞“照猫画虎”，解决具体问题不搞“一刀切”，思考问题多想几个“为什么”，多琢磨琢磨我这儿该“怎么办”。另外，要出于公心拿主见，也就是抛开小团体的利益，多从有益企业有利发展着眼，不随波逐流，不看眼色行事，不忽左忽右，一是一，二是二，拿个人见解，拿调研依据，拿成熟的套路供领导参考借鉴。

4. 拓宽工作思路

在这方面，我们有些中层干部指导思想有问题。有两种情况：一是把自己看轻了，把自己看成干现成活的，甚至是“打工”的，“跑堂”的，推推动动，拨拨转转，把纷繁复杂的工作看成简单的重复劳动，缺乏统筹的意识，弹钢琴的技巧；二是把自身工作看偏了，满足于不闲着，是整天拉车不止的老黄牛，只动手，不动脑，思想不艰苦，结果忙而无序，劳而无功。这两种情况实际都有偏差，没有全面履行中层职能，思路不够宽。

主要职能和基本工作思路应该是参谋并重、管理并举、调研结合、能督善导。参谋并重，参是参与，谋是谋划，参与是前提，谋划是主导。在参与上应该全局的事广泛参与，本务的事重点参与；在谋划上选位要准。“不谋全局者不足以谋一域”，对全局的形势清楚，才能敢吐真言，设身处地为领导谋政，把本车间、本科室放在全局中去衡量，也会拿出种“自留地”的安排。管理并举就是三种手段一起上，“管”一般是讲运用行政手段、经济手段，组织生产、推动工作。“理”是“梳理”，是思想教育手段。一方面是理情绪，做大家的思想工作，把人们思想统一到一块儿；一方面是理工作，就是归纳梳理，干工作不能闷着头去干，“狗熊掰棒子——掰一个丢一个”，应经常反思、检点、梳理，总结经验，以利再战。调研结合，调查研究是领导决策的前提，也是中层干部的谋事之举，成事之道。现在的问题是调查有余，研究不足，今后要在充分调查的基础上，深入分析，进行理性思考，让调查为研究服务，二者有机结合，为领导提供有情况、有分析、有建议的调研成果，形成见解独到的决策意见，帮助领导拍板。能督善导，应该说督促是手段，指导是目的，这是中层干部抓落实的一个招术。上级为下级服务的原则就是少指令多指导，少要多给，就是少给下边要报表要汇报要材料，多给下边提供参考借鉴的资料和做法，减少指手划脚，少搞这个必须怎么办，那个必须什么时间办；多给下边出主意想办法，真正做到督中有导，导中有情。当然这也有个强化自身的问题，要想给下边一“瓢”水，自己必须有一“桶”水，不然的话，就只能吹胡子瞪眼训一通了事，没有别的招。

5. 善于畅通政令

当领导的在抓落实方面最头疼的是政令不畅，中层闹“中间梗塞”，借用医学上名叫“肠梗阻”或“脑血栓”。现在这种情况的原因有三个：一是素质不高，工作不艰苦。“上边开会大半天，回去传达一袋烟”，“说了就算干了，传达了就算落实了”，习惯了“传声筒”，不习惯种“自留地”；二是反应迟钝，思想不敏锐，“你有千条妙计，我有一定之规”，“泥菩萨的屁股——推不动”，老虎追着也跑不快；三是对领导决策有意见，软顶暗抗，当面不说，以消极怠工的方式应付领导。

三种原因实际上反映了一个东西——惰性。惰性是顽症，是有害的东西。如何克服？一方面领导层要帮助中层疏导，变指令为启发诱导，“多提问题后拍板”，“只定菜谱，不做现成饭”，搞无为而治，形成无形压力，让中层开动机器，动脑动手，增强思维的活跃性，善于接力，学会传递压力，主动开“特色饭店”，做“特色菜”。另一方面中层要注重请专家“会诊”，搞自我解剖，保留活性物质，去掉惰性成分，“活血化於”，畅通“肠胃”，真正把中层看成贯彻落实领导意图的“加油站”和“推进器”，增强紧迫感，把工作落到实处。实际上一个高明的领导者并不喜欢纯粹“顺从型”的下属，领导咋说咱咋办，不拿主意，没有主见，唯唯诺诺，拨拨转转，这样的下属并不能为领导分忧解愁，分担重任。一个有能力有素养的下属应能正确领会上级的意图和精神，悟到应该干什么，怎么干才好，举一反三，触类旁通，把上司提出的两条、三条分解为五条、八条，然后富有创造性地抓好实施，争取最好效果。

6. 与领导同步思维

我们有的中层干部考虑问题不是站位有问题，就是与领导思维不同步，同打排球一样，错过“时间差”，节奏总慢“半拍”，贻误时机，贻误战机，使效果大打折扣。中层干部要做到与领导同步思维，就应坚持上下两顾的原则。一是顾上级精神是什么；二是顾工区、班组情况怎么样。摸清上下两头的“脉”，然后从领导的站位出发开“药方”，寻找局部工作的坐标点，抓住主要问题的关节点，让自身思维点进入领导决策的采纳圈。从同步思维的着眼点来讲，要强调主动，不能坐等领导“点兵点将”，不能“正月十五贴门神”，应该领导想什么问题，我已对那个问题有一定见解，要什么随手拿来。

有个故事：1972 年尼克松访华前夕，事前周总理打算给毛主席准备一些背景材料，结果给外交部美大司司长熊向晖点了一些方面，临见毛主席时，周总理想起有两个资料未给熊向晖交代，一是台湾近两天的反映，二是西方哲学研究的动态，结果熊向晖随手从皮包里拿了出来，周总理很高兴，笑着说：“熊司长是有备而来，资料是有备而用，我们是不谋而合呀！”结果毛主席确实问了这方面的情况，见尼克松说：“我们握手，我的老朋友蒋总裁可不高兴呀！”“我不同你谈具体问题，具体问题找周恩来，我只想谈哲学问题。”这是与领导同步思维的典型事例，也是急领导所急，想领导所想的样板。

在日常工作中，领导面对的“急茬”很多，在这方面，良好的心理素质是同步思维的首要一条，心理素质好了，才能处变不惊，工于谋略，为领导提供好主意。实际上同步思维也是智力服务，智力服务关键在智，在于有一个善于思索的大脑，呈现富有灵感的状态，通过分析、综合、比较、判断，找出捷径，拿出实招，同领导想法统一起来，给领导层留下决策拍板的空间，这种智力服务本身就是对上服务。

7. 讲究多向思维

多向思维也叫变向思维或逆向思维，一般是讲平常思路行不通，碰了钉子，另辟蹊径，闯出一条新路，结果“歪打正着”，达到了“柳暗花明又一村”的效果。一般情况下，人们习惯于顺向思维——“定向思维”，这在正常情况下可以，但遇见难事、急事就不行，因此学会变向思维很重要，尤其我们中层干部，遇事能从正反面、过去、现在、将来多方面想一想，工作效率会高出一筹。

这方面的事例很多，如有个国家某剧院，一些妇女戴着帽子看戏，后边观众很有意见，经常有人向剧院总经理提出抗议，怎么让这些妇女自觉地摘下帽子来，工作人员七嘴八舌，一时拿不出好主意。不料坐在经理旁边的小女儿漫不经心说了一个既不让观众下不来台又能达到摘下帽子的办法。经理在演出之前，打出一条字幕：为照顾年老体弱的女观众，她们看戏时可以不摘下帽子。这一招果然灵，字幕一打，许多女观众立即把头上的帽子给摘了。这个简单而管用的点子，实际上就是变向思维的结果。这个事，传统的做法应该是劝导他们注意文明形象，为了不妨碍别人，禁止戴帽子，可是这说法会造成反感，出现禁而不止的局面。突破顺向思维,建议她们摘下帽子却故意从准予她们戴帽子说起,国外女姓唯恐说自己年老体弱,让她戴帽子却偏偏摘帽子正中参谋之计,不说禁止却起到了禁止的作用。司马光砸缸也是变向思维,脑筋急转弯也是这方面的例子,实际上变向思维就是启发人们多方位思考,开拓思路,开掘智慧,以智取胜。

8. 学会理性思维

什么叫理性思维?我看有这么几条:一是思考问题的着眼点要准。站在党的重大方针政策方面去思考,站在铁路改革发展的大环境中去思考,站在职工根本利益上去思考,说具体点就是站在高处,看在远处,干在实处,"懂上靠下强自己"。二是思考问题要盯着工作实际。理性思维就是在正确把握工作实际基础上的思考,它来源于对实际工作和实际问题的正确判断,有去粗取精的深加工,只有这样,想问题办事情才有针对性、实践性、创造性。对问题只知其一不知其二,只知原因,不知发展,特别是对实情吃不透,拿不准,就谈不上正确的思考,理性思维就无从谈起。三是要善于抓主要矛盾,做具体分析。事情千头万绪,你得把大事抓住,应有从全局角度把握大事的意识,得有找准大事的本事,有善于抓大事的习惯,遇事能分清轻重缓急,能掂出不同的分量,大事找到了,又有具体、正确的分析判断,工作上的主动权、有效性也就有了。"就是忙的十个指头摁住十个跳蚤也有讲究,可以用大拇指摁住那个最大的跳蚤"。理性思维从某种程度上也叫辩证思维。具体讲,有这么四条:

(1)无事不安

没有事的时候心里不安,这就叫成熟的领导者。越是平安无事的时候,越感到心神不稳,经验丰富的领导明白大静中孕育着大动。古代有个成语叫杞人忧天。在安全这个问题上我们应该做杞国人。从某种意义讲,"杞人无事忧天倾"同抓安全生产应有"如履薄冰"、"如坐针毡"、"如临深渊"的"三如"状态意思是相近或一致的。作为站段管理干部,大家知道安全是动态指标,一分钟前你可能是全局安全天数最长的,一分钟后你有可能是全路安全天数最短的。放在一个长的时期看，从全局来看，出事故正常，不出事故反常，大轱辘一转，就有发生事故的可能，你把发生事故的时间往后多推迟一天，就多一份成绩。我认为在安全这个问题上没有赵子龙，不存在常胜将军。我们的安全天数长，不能把希望寄托在别人出事故的基础上，应该放在居安思危的事故预防上。

原日本著名的排球教练大松博文说得好："不安是前进之本。只要活着就有不安，希望越大，不安越深。一个没有不安的人，只能平庸度日。"所以，我们应当有居安思危这样一个思维方式，在安全问题上永远保持清醒的头脑，我们干部应做到四个字：耳聪目明。耳能听到问题，眼睛能看到问题，特别是安全天数较长，各项工作平稳发展，各方面都在对你唱赞歌的时候，冲着你树大拇指的时候，你一是不要被眼前成绩搞陶醉。应该说，对顺利时期和非顺利时期安全生产局面的控制，构成了安全运输管理的全过程。与非顺利时期比，顺利时期是一个更长的管理过程。安全生产的相对平稳顺利有它特有环境下特有的管理难度。"处在顺境时的人最难驾驭"，出了事故，怎么批，怎么是；长期安全，你的告诫就认为多余了。二是亲自动手，或者组织力量，把工作触角伸向可能发生事故的隐患中去，抓薄弱环节，捕捉事故的苗头，这样就能防患于未然，抓住安全的主动权、导向权。

(2)出事不乱

没有事你不安，出了事你能不乱，这又是辩证的思维方式。袁伟民在《我的执教之道》中说：体育比赛常常是一家欢乐一家愁，但是教练员、运动员应该赢得起，更应该输得起，乐不能乐昏了头，愁不能愁没了志，输球不能输精神、输士气。在安全管理上我们有些干部驾驭局势、驾驭自己的能力欠佳，处变不惊临危不惧的素养欠佳，安全上打胜不打败，出了事故就手忙脚乱。特别是祸不单行连续发生问题就没有再战的勇气了，手足无措，事到头迷。

我们铁路搞运输生产与打仗一样，"帅是兵的胆，兵是帅的威"，出了事以后，元帅先乱了阵脚，士兵就会更乱套，就会对下边的情绪士气构成更大的影响。人心一乱，就会产生恐惧情绪、畏难情绪,祸不单行也就不奇怪了。事故“一票否决”是由安全的位置决定的,是引导人们提高对安全工作的重视程度,但就其直接原因仍是某一个人、某个环节处理不当造成的,因此不能说明其他工作就没有成绩,没有好的一面了。出了事一方面要认真分析事故,查明原因,吸取教训,要有勇气否定自我,并在否定自我的过程中完善自我,提高自我,锤炼自我,做亡羊补牢的工作;另一方面还不能忘记做鼓劲、鼓舞士气的工作,要引导大家稳住阵脚,肯定过去的成绩,不否定过去的工作,鼓励大家鼓气不泄气,摔倒了买个明白,再爬起来,让大家懂得干铁路不摔跤是不可能的,摔跤不可怕,可怕的是摔懵了头,越摔越糊涂,摔没了精神,摔没了志气。这时候,既要找教训,又要提新目标,用教训教育人,用目标感染人、吸引人,这才是正确的思维方式。我认为,以稳治乱,越治越稳;以乱治乱,越治越乱。

事乱人不要乱,出了问题需要静,要静首先领导要稳住神,研究情况,找出办法。这对扭转局面转败为胜是最关键的。没出事以前防患于未然,出了事故不能围着事故转,得围着你手下的干部职工转,稳定人心以利再战,我看这就是理性思维,就是一个辩证思维方式。

(3)管事不偏

这也是辩证思维。干部本身都是管理者,到底应该是什么样的管理者?美国有本书,叫《有效管理者》,我看领导干部都应当做有效的管理者。怎样做到管理有效,我看两个字很重要:“适度”。适度非常重要,这一碗水端平不可能,也做不到。但不端撒就是适度,老是偏左偏右,偏上偏下,那就很难奏效。比如搞站段撤并,有的两段、三段、四段合并,几个机关合并,人增加这么多,这就有个管理不偏的问题,有个管人不偏的问题,管理应该不分亲疏,不分远近,谁能干让谁干,不能分老段、外段的,不能分老乡帮、同学帮、同事帮,还是搞五湖四海好,搞团团伙伙、任人唯亲,对长远对大局不利。

宣传教育有个舆论平衡的原则,这个平衡本身就是适度,思想工作也有个管理的问题,也是管理的一部分,它也讲适度。比如建标准线发动时，要消除消极情绪；形成了高潮，要防止涂脂抹粉搞形式主义。从某种意义上说，管理管理管在理上，管的有理叫管理。山西阎锡山故居刻着这么几个字："做事，中为极则，得中则事成，失中则既毁。"我们把这个中字用辩证法理解就是适度，或者叫把握分寸，不偏激，不上不下不左不右。如果忽上忽下，忽左忽右，还叫什么中？没有度，那你能做成什么事。

前几年我做宣传工作时，谈到产生思想问题原因的分类时，举了3类：社会因素，管理因素，自身因素。这3类如何解决？应该用综合治理、决策调节、个别疏导3种方法。用决策调节解决管理因素造成的思想问题，本身就是管事不偏的问题。比如讲分经济适用房，有的单位分房三榜定案后风平浪静，皆大欢喜，有的三榜定案后翻江倒海，怨声载道。根本原因就是决策偏不偏的问题。前几年某机务段有个经验，靠劳动组织的管理调节解决群体性的思想问题。这方面提出了一个观点：决策没有可行性就没有号召力。所谓可行性，说白了就是管事不偏的问题。三类思想问题解决的着眼点放在哪里？我说来源于社会原因造成的思想问题采取综合治理的解决办法，着眼点是正本清源；管理决策造成的思想问题的解决办法的着眼点是釜底抽薪；自身因素造成思想问题采取个别疏导的解决办法，着眼点是群防群治。特别是决策调节这一点，防止管事不偏的根源最重要，决策偏了调正过来就是了，决策不当开了"锅"，把柴禾拿走就行了。这个解决办法是一把钥匙开千把锁的问题。决策调整一条，解决问题一大片，看起来是管理问题，实际体现了思想工作对群体思想问题的宏观控制和把握，这本身就是思想政治工作的整体性原则。

(4)善抓时机

"机不可失，失不再来"，用兵施政都是这个道理。领导者在选择时机时要做到三点：

一是持重待机。需要决断一件事，搞好调研是前提，要搞清这件事关联几个主要因素，有几对矛盾，主要矛盾是哪一个，矛盾的主要方面是哪一条。问题清楚了，要看解决问题主要条件是否具备，条件不具备可以耐心等待。

二是适时策划。思想政治工作有一条原则叫适时策划的原则。前些年某局一重大事故发生后第三天，铁道部拍板定了案，这时局领导仍在事故现场指挥清理现场分析事故，局党委宣传部考虑既然事故已定案，很快就会带来一个翻箱倒柜搞四查、议教训、大打翻身仗的宣传动员教育热潮，应该提前准备。结果，没几天领导从事故现场返回，提出要开展卧薪偿胆吸取教训，大打翻身仗活动，让宣传部搞一套活动宣讲材料时，有关人员立即将印好的五讲宣讲提纲交到领导手里，局领导又惊又喜，称赞宣传部门为组织重大活动赢得了时间，提供了教育工具。事实说明，适时策划的原则很重要。

三是寻找时机。时机是客观存在的，关键看你会不会找，能不能抓住，找到找不到。抓住抓不住主要看你理性思维的程度如何，是不是一个聪明的具有谋略的领导者。什么情况下会出现“机会”呢？第一，党和国家新方针政策出台或变动的时候；第二，是外部环境出现意想不到的变故、变化时；第三，内部人员变动、机构变化、任务变更时。

那么，认识时机、抓住时机应具备哪些主要条件呢？主要有 4 个条件：

①敏锐的观察力和准确的判断力。现代生理学家做过这样的科学统计。一个人全身有 4 万多条神经向大脑中枢传递信息，而人的双眼占 1/2，人 80％的知识是经过观察获得的。人类进化论专家达尔文说：“我既没有突出的理解力，也没有过人的机智，只是在精细观察的能力上我能在众人之上”。生理学家巴甫洛夫认为：“一个人应当学会观察——不学会观察，你就永远当不了科学家”。他把能否“观察作为成功的首要条件”。智慧常常来自观察，观察是人类使用频率最高的一种创造性能力，观察力、判断力是分析问题的基础，也是善抓时机的前提。

②当机立断的胆识。有时时机摆在你面前，关键看你敢抓不敢抓，有没有抓时机的胆识和魄力。时机面前退缩了就会出现丢

掉时机或抓时机过迟过缓达不到预想效果的问题。时机是给有准备的领导，是给有谋略的领导的。

③要善假于物。善假于物就是借力领导，借什么力？主要借助于干部职工，借助于有利的环境因素。

④丰富的社会经验。善抓时机，需要领导者社会经验要丰富，能在大脑中储存大量的社会信息，社会信息多了，经验条件具备了，抓时机过程中才能驾重就轻，运用自如。

9.“小萝卜头”不要讲大话

语言是一种特殊的社会现象，人类祖先在远古时期狩猎时，为了交流思想、统一行动创造了这一工具，后来人们逐渐发展它、创造它、完善它，进而成为一个博大精深的语言宝库。如何正确地使用语言，现在成了领导者正确履行职能，沟通上下级关系的一个重要方面，语言的口头和书面表达能力也成了领导素质的一个重要组成部分。

一般来说，员工在评价领导者水平时，往往把领导语言表达能力放在重要位置，这是因为工作性质的差异，领导和职工间不可能

经常囿于一个小圈子里，除了员工要通过观领导之“行”作出评价外，语言运用水平的高低优劣成了一个直接的认定标准。结果，领导者的语言修养直接影响到工作成效，关系到上级精神的贯彻执行程度。

现在经常看到领导者、管理者语言缺失方面的一些现象：一是习惯于说“官”话，说空话，贯彻上级精神，从原则到原则，从概念到概念，“传达文件一条不拉，贯彻精神一句不差，落实措施一点不拿”，生吞活剥，照抄照传；二是会议讲话赶“时髦”，套话连篇，没有形成自己的观点，没有鲜明的个人语言，像延安时期毛泽东同志批评的“党八股”，讲的别扭，听的遥远，缺乏活力，像语言“瘪三”；三是事前不作调研，缺少新知识、新情况、新思路，言者慷慨陈词，空话连篇，听者索然无味，昏昏欲睡。

怎么改变这种状况，提升自己的语言表达能力呢？

(1)咽到肚里的精神，消化后再“吐”出来，职工最欢迎

上述3条不良现象，其中一个根本问题就是“萝卜头”讲“官”话，生搬硬套，没有将上级精神消化吸收，缺少实实在在的感悟和体会。

有一则故事：

有一学僧，非常恭敬地请教慈受禅师：“禅者悟道时，对于悟道的境界和感受，说得出来吗？”

慈受：“既是悟道，说不出来。”

学僧：“说不出来的时候，像什么呢？”

慈受：“像哑巴吃蜜！”

学僧：“当一个禅者没有悟道时，他善于言辞，他说的能够算禅悟吗？”

慈受：“既未悟道，说出的怎能算作禅悟呢？”

学僧：“因为他讲得头头是道，如果不算作禅悟，那他像什么呢？”

慈受：“他像鹦鹉学话！”

学僧：“哑巴吃蜜与鹦鹉学话，有什么不同呢？”

慈受："哑巴吃蜜，是知，如人饮水，冷暖自知；鹦鹉学话，是不知，如小儿学话，不解其义。"

学僧："然则，未悟的禅者，如何说法度生呢？"

慈受："自己知道的给他知道，自己不知道的不要给他知道。"

学僧："老师现在是知抑是不知？"

慈受："我如哑巴吃黄连，有苦说不出；也如鹦鹉学讲话，讲得非常像。你说我是知呢？还是不知呢？"

学僧于言下有省。

从这个故事里，我们可以得到以下启示：

①鹦鹉学舌不可取。所谓鹦鹉学舌，就是"不解其义"，没有个人的东西，一味模仿、重复别人的话。美国管理学家托马斯有一句话耐人寻味：一个得力的领导人必须擅于兼顾两头：最高层次的抽象概念和最一般层次的具体行动。上级领导讲话、上头文件精神指导的是全局，是面上的工作，属于比较原则、笼统的东西，作为站段、车间科室领导者、管理者，需要把握精神，领会意图，"对号入座"。同本站段、本车间能对上号的，要消化吸收，为我所用，真正同实际情况结合融合后，再讲想法，拿路数，强化执行力；对不上号的，则可能属于它指的情况，属于外单位的落实范围，自己不能"萝卜、白菜"一起拿过来"混煮"，"张冠李戴"，结果让下边不得要领，不分彼此，失去应有的针对性和"落地率"。

②要有"悟"而发。"悟"是领会、了解、体会，是过程，也是结果。故事中禅师慈受认为悟道讲不出来，实际上有偏颇之处。实际上，"悟"是前提，是过程，可以"悟"而不发，也可以有感而发。作为领导者，一个重要职责是善于沟通、宣传教育职工，如果感悟之言老是藏在心里，不讲出来，就起不到沟通引导的作用，失去了应有之责，应有之义。

③以其昏昏、使人昭昭要不得。贯彻文件精神切忌囫囵吞枣，自己还搞不明白，"含糊其词"，却要通过"收发室"、"转运站"贩卖出去，那是要害人害己的。唯一正确的方法，就是将领导精神，吃到"嘴"里，咽到肚里，加工消化变成自己的东西，再"吐"出来，这

样，职工听得明白，“操之有力，处之有方”，落实起来就顺畅多啦！

(2)用真情实感讲自己的话

讲话最好用口头语、小短句，用自己体会最深，最熟悉、最上口的话，有自己的语言风格，切忌使用繁长句，将书面语、口头语混在一起，讲的绕口，听的费力，会场气氛也难以调动。用真情实感讲话，也有个雅俗共赏的说道，如果听众知识型的职工多，就多讲点雅的，让人家听领导讲话是种享受，内容富有思想性、哲理性，就像龙有睛、人有魂一样；如果听众多属于一线职工，就多来点俗的，虚理实讲，少拿理论、原则等故弄玄虚的话说事儿，适当还可以调侃一下，幽他一默，使大家在笑声中悟出门道，不知不觉地换了换“脑筋”。实际上，有些表面上“俗”的语言，是话“俗”理不“俗”，话“粗”理不“粗”，“俗”中有雅，寓雅于“俗”，职工耐听、入耳、动心。这样，目的、初衷就会达到啦！

鲁迅先生在谈到讲话技巧时说过这样的话：我们要用现代的、自己的话，用活着的白话，将自己的思想感情直白出来。加里宁也曾告诫宣传家、教育家，应力求用自己的语言讲话，用母亲教会的语言说话，母亲所教的语言是最好的语言，特别能打动人。

说自己的话，把自己同职工的距离拉近，“以心换心”，讲职工之所想，言职工之所愿，不能“洋洋万言，离众千里”，让大家摸不着头脑，有隔靴搔痒之感；心里怎么想，嘴里就怎么说，“言为心声”，不可讲违心话，讲明知做不到却偏要让人家去执行的话，以免“台上他说，台下说他”，失信于民；有自己的语言风格，讲自己的观点，用未加修饰的心里话，用来自群众的最精彩、最形象的语言。

(3)讲道理要有化大为小的技巧

讲话要看对象，人有觉悟高低之分，文化深浅之别，经历差别之异，再说接受能力、年龄大小也有不同，讲的内容、方法、口吻，应随之调整，不可“大锅煮”、“一刀切”，犯“对牛弹琴”的毛病；道理要由浅入深，小中见大，说朴实无华之理，通过拉家常、侃大山的形式寓理于言之中，让人不知不觉地受到启发，获得感悟；增加知识含量，因现在员工文化程度高，知识更新换代快，大家的文化需求量大，如果将领导精神、工作要求，伴随知识讲出去，让大家接受知识的同时，感受内在的思想熏陶，不失为语言艺术的一大技巧。

10. 依靠制度抓落实

我国现代化建设进程的瓶颈和关节点是什么，我看不是资源，不是设备，也不是劳动力和技术，真正的卡脖子的地方、制约点是能不能造就一大批有效的领导者。美国管理学家杜拉克在他的《有效管理者》中讲："一个人的才能唯有通过有条理、有系统的工作才能成为有效"。如果把单位看成是一个系统，那么，首先应看系统完成的功能怎么样，现代领导者应考虑的第一件大事就是本单位的发展方向目标是什么，然后考虑如何通过有效的工作来实现这一目标。管理效能有个公式：管理效能＝目标方向×工作效率。如果目标方向选错了，管理效能就是负数，工作效率越高，管理效能越低；相反，目标方向对头，工作实施不好，落不到实处，有效性差，也会使方向目标落空。这就带来一个问题，怎样抓落实，怎样提高工作有效性，领导怎么干才能成为一个有效的领导者。下面关于抓落实提高有效性讲几种方法：

(1)常盯问题法

哲学告诉我们:一个单位、一个车间有问题是绝对的,没问题是相对的,寸有所长,尺有所短。领导水平再高,单位成绩再好,也必然存在问题。看一个单位一个车间领导艺术是否高明,不是看他那里有没有问题,而是看他是否能做到心中想问题,眼里盯问题,手中有问题。有一句老话:"知耻者方勇",知道自己问题的领导者才会有工作动力,有前进方向,才不会飘飘然。在现在这个大环境里,不进则退,不进则垮,靠守摊保本过日子,最后摊守不住,本也保不住,最后跟着受罪的还是企业,还是职工。在盯问题上有三句话:善于发现问题是水平,能正视问题是高明,敢纠正问题是功劳。可以说这种能力,这种水平,是领导应具备的基本功。从实际上讲,我们抓工作的过程,就是发现问题,解决问题的过程,发现问题解决问题的过程,就是不断前进上台阶的过程。从某种意义上讲,发现问题是找路,解决问题是迈步。但是我们盯问题,决不是眉毛胡子一把抓,西瓜芝麻一起拣。

那么,我们平时应该注意发现哪些问题呢?主要应把握3个:一是善于发现至关全局的问题;二是善于发现倾向性问题;三是善于发现潜在性的问题。思路对了,还有一个方法对头的问题,这个方法就是如何有效的发现问题。

这方面起码要具备两条:首先,要有敢揭短的勇气,有敢报忧的胆魄,从某种意义上讲,发现问题的勇气同解决问题的招数及抓落实的效果是成正比的,发现问题是前提,解决问题是关键,工作效果是归宿。其次,做到"四要":耳要聪,目要明,心要细,脑要思,也就是抓问题要有知情功,要在深知真知上讲素养。耳要聪,就是说者无意,听者有心,广开言路,博采众长;就是举一反三,触类旁通。眼要明,就是要眼观六路,拓宽视野;多换角度,不带框框,就像达·芬奇画蛋一样,多换几个角度反反复复地看,就能看出"远近高低各不同"。"会看的看门道,不会看的看热闹",门道就是奥妙,就是真情,就是本质。门道有了,就能找到治病的方,对症下药。心要细,有句老话:功成者在细。可见,心细在提高工作有效性方面的作用。没有心细，就没有以小见大，见微知著的观察力；没有心细，就没有解决问题见于未萌，禁于未发的上等策略。脑要思，就是要开动脑筋，大脑起到加工厂的作用，对收集到的各种信息、问题，进行一番“去粗取精，去伪存真，由此及彼，由表及里”的加工制作。进行深加工以后，才能从问题中找出根本问题来，找出全局性问题来，也就是为解决问题提供了前提，为增强有效性奠定了基础。

(2)借风造势法

领导是一个动名词，做名词讲时，指领导者，领导自身指一个人，一个群体；做动词讲时，领导是一个过程。所谓过程，既有一定的内容，又有相适应的形式。形式为内容服务，形式是否恰当会起到增强或削弱内容的作用。所以我们在研究领导内容的同时，也必须研究内容的载体——形式问题。现在我们经常看到一种现象，有的单位、车间落实上级精神是逐级衰减，上热、中温、下凉，讲原因除了有的干部事业心责任心不强外，一个重要原因就是领导者不懂造势，不会造势，领导内涵让自己给冲淡了。所以我们讲工作的有效性，不能不讲增强内容力度的“势”，就是“借风造势”，这个势包括三方面：方式、舆论、环境。

造势要注意抓住 4 个环节：一是善于发动群众，做鼓劲鼓气调动情绪、调动积极性的工作。二是领导方式要恰当。如传达上级重要精神要在正式场合；批评危害安全的严重问题，要选择严肃场合等。三是要讲究气氛的喧染。气氛浓郁会感染群众，烘托主题，增强效果。如召开表彰庆祝大会，会场布置、人员服装、乐曲选用都应隆重、热烈、明快，增强喜庆效果。四是营造环境。如正式培训，找一个适于学习的安静环境。

关于借风造势的时机选择，要抓住 5 个时候：①重要精神部署时，要运用时机，借风使船，做启动职工推动全盘的工作；②领导批评指责时，要做化批评为动力，查找原因，重振精神，以利再战的工作；③发生事故或苗子时，要做化事故为财富，重振旗鼓，稳定队伍，背水一战的工作；④调资分房时，要做化热为冷，化难为易，靠政策调节，用规定引导职工的工作；⑤领导表彰奖励时，要做变荣誉为动力找问题查不足从零起步的工作。应当说明的一点，借风造势强调是内容和形式的一致，不是主张过分的形式。形式为内容服务，过分的形式反过来会损害内容；不是主张注重形式不重效果的形式主义。

(3)区别对待法

方法问题是桥和船的问题，一个领导者对领导方法要高度重视，认真选择，不然的话，船不好，桥不通，也过不了河，达不到提高有效性的目的。区别对待法是处理问题常用的方法。每个基层干部每天要处理各种各样的问题，天天碰到。

大家知道，我们处理问题不是用感情，是用政策。什么叫政策？把政策说白了就是一样的问题一样对待；不一样的问题不一样对待。反过来讲，就是把两样的问题一样看待，一样问题两样对待，就是不讲政策。所以说，区别情况区别对待就是政策。基层工作切忌一刀切，一刀切就是像切韭菜一样，最省事，本身也最片面，最形而上学。最省事的东西往往也是最不讲政策的东西，最不讲工作成效的东西。比如，我们管理企业有三种手段——行政手段、经济手段、思想教育工作。这三种手段在特别情况下什么手段先用，什么后用；什么时候一齐上，什么时候以什么手段为主，其他的为附，三种手段绝不能三一三十一，平均使用，所以要讲最佳效果。好像一个理发的，有推子、剪子、刀子三种工具，不可能不管来的顾客是男的女的，还是老的少的，三样家伙都用一遍。现在我们企业干部经常交流，假如你接手一个车间、一个领工区，应怎样实施自己的施政战略。我认为，如果你接手的是原来管理混乱，职工两纪松弛，干部作风散漫的摊子，绝对有个熟悉情况后“踢三脚”的问题，决不能“二锅水”温起来，你的领导方法则应先硬后软，行政手段、经济手段为主，先提出一些硬性规定或办法，强制人们执行。过一段时间，再注意理顺关系，理顺情绪，从思想疏导着眼，化强制为教育，调动人们主动性、自觉性。假如你接手的是基础工作不错，干群心情舒畅的车间，就不存在烧火问题，只有锦上添花的任务，主要任务是熟悉情况，理清思路，拾遗补缺，教育为主，逐步实施自己的工作战略，展示自己的领导风格。

(4)开拓创新法

关于领导艺术，焦裕禄有一句名言：吃别人嚼过的馍没味道。这说明我们这位领导干部楷模是主张开拓创新，反对照搬照抄的。在这方面，我们要强调三“不”：

一是贯彻上级精神不当播音员。人们经常看到，贯彻上级精神有三种态度，三种贯彻方式。一种是播音员式的传达：传达文件一字不差，标点符号一个不拉，具体办法一个不拿；另一种是“盲人式”的传达，超越政策，无视现实，忽视群众心理承受能力，异想天开，好大喜功；还有一种是具体灵活的方式。强调领会上边的，熟悉下边的，拿出自己的，讲创造性思维，不搞闭塞性思维，讲治本不讲治表，讲创新不搞守旧。实践证明，还是第三条实际实用。

二是调查研究不当摄影师。要注重再加工、再创造，既注重调研的时效、质量，更注重寻找去伪存真，去粗取精，求真务实再创造的最佳着力点。

三是发现处理问题不当消防员。消防员“灭火式”的工作方式大家都知道，主要特点就是就事论事，被动应付，工作常常慢半拍，晚一步，常充当亡羊补牢的角色。所以，我们要讲敏感性、预见性，提倡用新方法解决新矛盾，做到忙而不乱，忙而有序，忙而高效，讲究一个领导者在根本性问题上取得突破，在解决问题的最佳推进点上取得突破，掌握主动权。

据说，冷战时期，美苏搞核竞赛，开始双方比核弹头的数量和威力，你100枚、我200枚，你造500枚，我造1000枚；你搞50万吨级的，我搞100万吨级的。后来美国人不与苏联人比吨力、比数量，他们改为发展精度，因为他们经过统筹运算发现，如果威力提高1倍，军事效益提高8倍，如果精度提高1倍，军事效益可提高64倍，导弹打一枚像一枚的。美国人明白了战略导弹保持在1026枚就已够了，再多了是浪费，光维护保养就是问题。所以，当年赫鲁晓夫访美，吹嘘他能发展多少核弹头，美国人觉得可笑，意思是说什么年代了，还用老观念、老脑筋。

可见，方法是竞争获胜的武器，方法科学对头就可以少走弯路，少受损失。现在系统论也给领导观察思考问题，提高创新性、有效性提供了路子。这一思路就是横向加宽，纵向前伸。“加宽”就是用通用标准效能对不同类型的东西进行改进改造，使之具有联动性和整体效能。“前伸”就是领导者、管理者观察问题要讲前瞻性、预见性，多看几步棋。预见性决策的基本特征就是从空间上看，要着眼全系统；从时间上看，它兼顾当前，侧重未来发展；从形式上看，强调决策的引导作用，防止不利情况发生。如果把系统论的横向加宽，纵向前伸的理论运用到安全管理上，运用到领导者管理运输生产上就会具有很强指导性，就会增加工作的有效性。

(5)强化弱项法

在现代管理科学中，有个木桶理论，它有一个生动形象的比喻：一只木桶的容水量不取决于构成木桶的那个最长的木板，而取决最短的那块，因此，要使木桶能装更多的水，关键是找准那块短木板，并想法把它加长。实际上木桶理论是西方管理学理论，是外来货。我们中国人也有一句通俗易懂，具有深奥哲理的话，就是“哪壶不开提哪壶”，实际上揭示的是一个道理。还有链条理论，也是一个道理。什么道理？就是在同一个系统里，由于一二个要素比较薄弱、滞后，结果这个系统的整体功能被限制制约了，降低减弱了。

一个单位是这样，一个人也是如此。我过去说过这样的话，一个人优点十分突出，同时缺点也十分突出的人，人们的认可程度往往是零。也就是这个人的整体素质被忽略了、低估了。要改变这一状况，唯一的办法就是敢于正视现实，抓住短木板，敢提不开的壶，强化弱项，做填平补齐的工作。要做好这一工作，我看首先是重视短木板，认清短木板的弱化作用，看到短木板的影响，看到木板短的后果。再一个就是找准短木板，提准不开的壶，真正的短木板好找，但工作中隐形的短木板或不开的壶就难找了，同样是两壶水，一壶开了放凉的，一个不开的，你能提准吗？这就需要搞调研，找规律，不然的话，开了的壶再开一次，长木板再加一截就没有意义了。现在还有人提出，要找薄木板，找薄桶底，意思都一样。再一个就是加长短木板，也就是做好扬长避短或扬长补短的工作，做到了这一点，一个单位，一个车间或一个人整体功能或综合素质就会长一大截，认可度、工作成效当然就不一样了。

二、沟通协调篇

11. 中层干部要讲究沟通协调

联想总裁柳传志说过一段话:"有一些企业的老板,自认为很有本事,企业一天离开他们都不行。现在的问题,不是你能不能离开,而是离开你行不行?行与不行的关键在哪?在企业的中层领导。"盖洛普公司也提出过一个精彩的观点,认为很多员工离开公司,不是因为公司的原因,而是其直接领导的原因。这段话说明中层领导在企业发展中的价值,说明他们是中流砥柱,是协调沟通的"前线指挥官"。

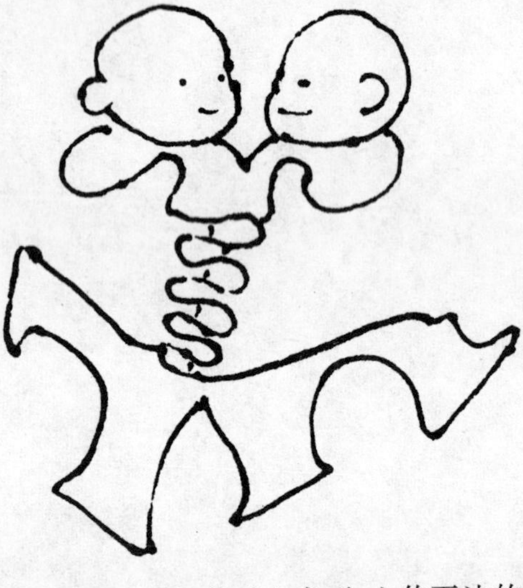

中层领导在企业中承担着承上启下、上传下达的重任,是一个具有鲜明时代气息的群体。从位置来讲,中层干部是处于组织序列的"夹心饼干",他们的角色是多维的、多重的,有人说他们处在四纬度的空间,面对上级是将,面对下属是帅,面对同级是同事,面对客

户角色又有不同。这个“夹心饼干”的角色不好当，上挤下压，干好了左右逢源，“外香内甜”；干不好是风箱里的老鼠——“两头受气”，甚至“粉身碎骨”，最后落得猪八戒照镜子——里外不是人。

谈到中层干部的素质，起码要具有7种能力：沟通能力、协调能力、组织能力、预见能力、解决问题能力、决策能力、应急能力等。那最重要的能力是什么？世界最大的电器公司GE的新任总裁在中国参加一个谈话节目时，主持人问他：作为一个管理者最重要的能力是哪一条？他回答就是一个词：沟通。他工作的40%的时间是用来同下属沟通的，可见沟通的重要性。一个中层干部对沟通的作用、效果要懂，更要清楚沟通的全方位性——上行沟通、下行沟通、平行沟通。

那么，沟通和协调是什么关系？我说，应该讲沟通是协调的前提，协调寓于沟通之中，两者你中有我，我中有你，先通后调，边调边通。两种能力在中层干部素质上占有非常的位置，不可小视、不同凡响、低估不得，欠缺了不得了，起码不能做到领导、职工、同级三满意。有一句话说得好：“在一切管理中，‘人’的管理是最小的管理单位，也是最深层的管理术”。所谓人的管理不就是沟通人、协调事吗？协调事也是通过人的沟通来解决的。可见，沟通占时间最多，协调费力最多，层次也最深。所以，我们就要拿沟通能力、协调能力说事，也算一次沟通吧。

12. 赢得领导信赖的6条准则

大家知道，我们不管处在什么工作岗位，对工作认可度怎么样，都由上级领导决定，上级能不能赏识你、重视你、肯定你，“大闸把”叫人家握着哩。事业成功不成功重要的决定权是上司。上级领导可以助你一臂之力，成为你的“梯子”；上级领导也可能撒手不理，把你“晾”起来；上级也可能给你系一下“鞋带”，成为你最大的“拦路虎”。上级领导会扮演什么角色，关键在你与他建立什么样的关系，在很大程度上取决于你对上级领导的态度，也就是沟通得如何，用什么心态同他相处。

这方面有什么秘诀呢？我认为，主要有6句话：信赖要打牢，得失不计较，责备不在意，请示有必要，交往讲时机，建议要提好。

(1)信赖要打牢

就是首先要打牢相互信任的基础，有互信的根基。日本学者士光敏夫在《信赖的基础》一书中，讲过一段话：①要站在对方的立场思考事物；②确实遵守约定；③言行必须一致；④彼此经常沟通；⑤多想对方的难处。只要将上边的"对方"改成"上司"，就有了让上司信赖的基础。

某车站有一个职工是个让领导挠头的人，大错不犯，小错不断，当班擅离职守，最后把车间领导打伤了，而且还恶人先告状。对这种人该不该处理？怎么处理？处理吧，是烫手的"山药"，肯定"胡搅蛮缠"；不处理又不足以平民愤。有个中层干部提出，可以处理他，但处理前要和上级有关部门通气，让上级心里有底，以免后患。领导觉得主意好，采纳了。结果不出所料，这个人到处上访告状，但因"工作在前"，没成大气候。唯一让领导头疼的是，他常坐在车站主要领导办公室"撒赖"不走，影响办公。有个中层干部出了个主意，说这人不怕站内的，不怕上级来人，就怕公安出面。他虽然扰乱工作秩序，但到不了拘留程度，怎么办？可以让公安给他个警告通知书，结果很灵，这人很快变成"霜打的茄子——蔫了"，公安在不违法的情况下，达到了让他就范收敛的效果，主要领导对这方法很赏识，对这个出主意的中层干部肯定就信赖了。

(2)得失不计较

就是不当打小主意的人，不当斤斤计较的人，不当没利不早起的人，不当有功就索取的人，不当一事当先就替自己打算的人，就是一心为了事业、为了企业，"大锅里满了，小碗就有的盛"，领导自然就信赖你了。

(3)责备不在意

领导的责备往往有多种原因，可能是你的主意站位不高，无法采纳；可能是你一时不慎，有点过失；可能领导正有烦恼，"有气不打一处来"；可能是偏听偏信，有点误解。对此，一不要急于解释，应“放一放再说”，回头找机会表白，“点到为止”；二不要耿耿于怀，“鼻子不是鼻子、脸不是脸”；三不要固执己见，声高盖主；四不要私下散布不满，让“小人”有机可乘。领导批评的原因多种多样，往往时过境迁，会自我责备，或是借题发挥，事出有因，“弦外有音”，“话头子”让别人听的，完全不必跟领导过不去。实际上领导的责备常常有一定道理，作为下级应从领导的角度多想一想，悟出点什么，学到点什么，从多方位多侧面提高自己的素养，增长些真本事。

(4)请示有必要

主要分几个时候：领导交代的工作，心里没底的时候；工作有进展，下步不知怎么办的时候；进程有意外，有新信息需汇报的时候；难题已破解，需要领导知道的时候等等。这方面，要掌握“火候”，不能为汇报而汇报，不能仅仅为了显示自己存在而汇报，非主管领导那里不能乱汇报，千万不能因请示多而讨人嫌。

曾有一名干部，资格较老，但实干精神差点，经常有事没事往上级领导那里挨门“汇报”，不管领导忙不忙，东拉西扯，一“侃”就是半小时，结果十分讨人嫌。请示要有质的概念，次数要讲分寸有度，适可而止，好比吹气球，小了不好看，吹的气多了就爆了。

当然，请示工作也不要为请示而请示，有时请示前要有所准备，拿出自己的初步想法向领导讨教，请求指点，这时领导看到你长就一副会分析有主见的头脑，态度又很诚恳，自然对你的印象就深了。

(5)交往讲时机

过去有句老话，叫“钓鱼不在急水滩”，也就是办事要讲动机和效果的结合，不能不讲时间，不讲工作性质，不看“火候”，“钓鱼迷们”都讲时间、地点、天气、气氛等等，何况是同领导接触呢！那更需要讲技巧。从时间的选择来看，同领导谈事最好安排在上午或下午刚上班的时间。这时候，领导还没有接触什么工作，头脑清晰，头绪不乱，精神状态最佳。如果这时你汇报工作，他会耐心听取；去请示工作，他会认真答复，一时回答不了，也会留下深刻印象，日后再了解答复。如果工作、生活遇到困难，需要领导给予重视和解决时，一般应选择领导心情舒畅或工作进展顺畅时，这时领导高兴、情绪好，你提出什么困难或问题，领导一般会欣然答应、高度重视，尽快拍板协助解决。如果汇报工作，也有个顺序问题，一般是先汇报结果后讲过程，这样容易留下干练印象。一般上司很忙，知道结果即可，过程是否汇报，看情况而定。如果上司要开会研究一个新问题或难题时，你就需要预想在前，预测在先，不管领导事先打不打招呼，"机会总是留给有准备的中层领导"，座谈会、讨论会上，你应该积极参与，敢于打破僵局，而且争取第一、二个发言。同样的认知或思路，第一个人讲出来会给大家留下积极深刻印象，重复别人的想法和认识，就是说得再清楚，也会给人味同嚼蜡的感觉。当然，这并不是说发言时清晰、生动、条理不重要。

(6)建议要提好

所谓建议，就是建设性的意见，不是无关痛痒的想法。在单位里，最好不要同上司发生正面冲突，但并不是说部下不能向上司提意见。如果你经常不向上司提个人想法，有可能被上司认为是唯唯诺诺之辈，被他瞧不起。应该说，并不是所有的上司都喜欢部下像个算盘珠子一样拨一下动一下，很多领导都希望有不少有思想有主见的下属，希望下属富有真知灼见，能助自己一臂之力。但是，你要注意选择时间、地点和方式方法。

首先，要选择好时机，就是上司"耳顺"的时候。有些时机不宜提"逆耳之言"：他正满怀信心实施新思路时；他正全神贯注地干一件重要事务时；他心神不宁，心烦气躁时；他同上司或下属在一起时。如果你开口前，先观察领导的心理状况，再决定是否可开"金口"，那你的意见被接受程度会大得多。

其次，要选择适当场合，所谓适当场合，一般指非正式场合，而不是正式会议，较隆重严肃的场合。非正式场合如饭桌上、汽车上，以及其他场合，这时说话较随便，不伤自尊心，上司认为应该接受，自然认真对待；若难以接受，可以不予理会，回旋余地较大。

另外，要出好小点子。领导关注的重大活动或当前的中心工作，在实施过程中，领导一般很关心深化状况和进程，在这种情况下，应想领导所想，急领导所急，把重大活动、中心工作的深化信息，随时给领导反馈，并围绕深化进程出点小点子，提出些具体措施，供领导参考，使工作环环相扣，步步深入。

13. 找准平衡点

处理下级关系不仅需要公正、平等、民主，还需要运用相应的艺术。平衡艺术就是一种。有人认为，中层干部处理下级关系关键在搞“平衡”，这话一听好像带有贬义，实际上有一定的哲理。矛盾的普遍性决定了下级之间的关系常处于矛盾和冲突当中，旧矛盾解决了，新的又会冒出来，领导作为调节者，就要找准平衡点；这个平衡点既是调节人的着眼点，也是处理事的立足点，不然上下级关系就会失衡。要找到平衡点，必须具备3条：

一是空间的等距性。就是以平衡点为圆心，以同一个规则或标准为“半径”，这样才是平衡空间的等距性。换成老百姓的话说：就是对人没偏没向，没远没近。

二是利益的合理性。市场经济条件下，职工间的冲突大多表现在利益的冲突上，就是分配的多与少，合理不合理。这时中层领导必须找到可行性、相似点，使平衡后利益分配基本能接受。

三是心理的平衡性。人们常讲，这事处理得让人心理不平衡。可见，寻求心理平衡也是下级的一大愿望。因此，当中层领导也应关注心理的需求，处理人和事尽量寻求各方面的最佳平衡点。

14. 巧用人性法

中层领导处理同下级关系必须讲究人性化原则，并将人性寓于企业法规之中，使下级不知不觉地融入人性化管理，并从中受益。

“南风”法则：“南风”法则也叫“温暖”法则，这是法国作家拉·封丹的一则寓言：北风和南风比威力，看谁能把行人身上的大衣脱掉。北风首先来了个北风劲吹，嗖嗖地吹冷风，结果行人为了抵御北风的侵袭，便把大衣裹得紧紧的。北风没有得逞。南风则徐徐吹动，一时风和日丽，天气变暖，行人开始解开纽扣，最后干脆脱掉大衣。南风获得了胜利。这则寓言说明了一个道理：温暖胜过严寒。中层领导在管理中运用“南风”法则，就是要尊重和关心下属，以下属为本，多点“人情味”，多送点温暖，职工感受到了暖意，积极性自然就会高起来。

这里有个例子，20 世纪 60 年代初三年自然灾害时期，某机务段职工“饥寒交迫”，无精打彩，全段“机车趴窝，火车停坡”，检修车间十几天洗修不出一台车。这时铁路局派去了新段长，新段长上任后下班组，访单身宿舍，同职工谈心。很快就整治了食堂，清除了食堂“蛀虫”，并把机关各办公室炉子都搬到单身宿舍。几个举动不言自明，使职工精神大振，忍受着暂时困难，修机车、拉大列，机车“趴窝”、“停坡”的现象一扫而光。

“金鱼缸”法则：金鱼缸是玻璃做的，透明度很高，不论从哪个角度看，里面的情况都一清二楚。“金鱼缸”法则运用到单位管理中，就是现在的站务公开、段务公开，增加工作透明度。劳务费怎么分配的，租赁费怎么用的，经济适用房分配条件、结果是什么，一一亮出来，不遮着，不盖着，群众这个“主人翁”当得名副其实，名正言顺，领导自我约束，没有特殊，大家的干劲就会异常高涨。

“热炉”法则：每个站段都有规章制度，谁碰了它就会受惩处，“热炉”法则形象地体现了它的特点：

①热炉正红。不用手摸也知道炉子是热的，是会烫人的，这是警告性原则，也是一种预测，冒犯了它，天条会降到头上。

②手到伤存——一致性原则。“说”和“做”是一致的，不是“干打雷不下雨”，也就是触犯规章，就会被惩罚。

③一碰即伤——即时性原则。惩处在犯规后立即进行，不姗姗来迟，不拖泥带水。这样人们就会眼望高炉——不寒而栗。

④谁碰伤谁——公平性原则。不论是管理者还是职工群众，只要触犯规章，就会受到惩处，体现的是人人平等。

“豪猪”法则：“豪猪”法则也叫“刺猬”法则。大哲学家萨特曾对人类相处的境况作过一个绝妙的比喻。他认为，人与人之间的关系就像一群豪猪，由于寒冷，彼此拼命向一块聚集，以保持温暖。同时，还得保持一定距离，因为凑得太近，它们身上的刺就会伤到对方。这也是人际交往的“心理距离效应”。中层领导同下级的关系也是很微妙的，大家要互相支持、帮助，又要保持各自特殊的独立，不能有亲有疏，也不能亲密无间，应亲密有间，你只有把握好了距离，上下级关系才能维系好。

有句话叫“花红易逝、流水无限”，这不仅仅用来隐喻爱情。人世间万事万物都有一个“度”，花的艳丽只是短暂的，只有清纯、清彻见底的水才能长流不断。上下级的正常关系要想长期保持，有一个适当距离十分必要。

人类学家爱德华·霍尔研究出4种空间距离。第一种为“亲密距离”，即身体的接触，一般在0～46cm之间；第二种是个人型，即“私人距离”，一般在46cm～1.2m范围内；第三种距离是“礼貌距离”，通常用在处理非个人事物，约在1.2～3m之间；最后一种“一般距离”，以感觉而定，一般在3m以上。

和同事之间，应保持什么样的生理距离为好，不能一概而论，还应因人因事而宜。但有一点，不能因为是老乡、同学、朋友就近得不讲原则，让人说三道四，这不能叫恰当。也不能因意见、好恶、外貌不赞同不一致，就疏远，让事业让工作受影响，那就大可不必了。

15. 给足人脸面

处理好同下属的关系，一个很重要的问题就是关注他们的精神状态和思想情绪，尊重他们，使别人信他，他能自信，精神状态调顺了，那离“不用扬鞭自奋蹄”就不远了。要做到这一条，需注意4个方面：

善商议　企业光靠优厚的薪金，稳定的福利，很难长久留人，让部下为企业勤恳干事。只有想办法让员工热爱工作，自觉地开心地干事业才是领导的份内事。成功的中层领导总有这样一个概念挂在心上：企业的事是大家的事，自尊心为责任感“加柴助燃”。

做到这一点，遇事就要和下属多商量，让他们支持、配合，比如用建议的口吻下达命令："这件事，你们看怎么办好?"，"大家看这样行不行?"。因为人们大多数是不大喜欢让人呼来唤去的，用命令的口吻指挥人倒不如用商量的口气启发人引导人，这样大家就不会使自己为难，就会认为领导这样看重自己，活干不漂亮可不行。

给面子 管着一帮子人，实际上就是处在矛盾窝里，风平浪静是不可能的，关键是作为中层领导要善于堵住风口、压平浪尖。这里的秘决就是坦诚待人、冷静处事。属于原则性的事，原则要坚持，面子要相顾，"打一巴掌，再给个枣吃"。小是小非问题，必须公开批评的，提前打招呼，事后必须个别谈；可点名可不点名就不必点名；能下边解决的就不要会上讲。

过去女排教练袁伟民《我的执教之道》里讲："当面指不足、背后说长处"，是说一个人工作有缺点，应当面指出来，在本人不在场时，可表扬他的其他优点，让别人捎话。这也不失为批评术的一大高明。

"戴高帽" "戴高帽"不是不切实际的夸大其词，包含着领导层对下属的认同、赞扬和褒奖，它是激励、是鼓励，也是勉励。赞扬要具体，要实事求是，要讲效果，要情真意切，还可以借口于人，比如"我听说你字写得很好"、"别人讲你是民间诗人、半个红学家"等等。另外，表扬别人还要有点实际行动，不能太做作。

过去某电务段有个"小额快奖"制度，职工日常有了小发明，发现了故障或防止了事故，表扬奖励不过天，实际上早奖晚奖效果不一样，作用、影响不一样。

记名字 将名字挂在嘴边，千万别小看这个方法，它的效应就是使下属心理满足，精神受激励，使自己的人缘好了几分，群众关系亲密了一大截。过去，毛泽东同志就有记名字、解名字、改名字的好习惯，使人们初次见到领袖的紧张感、拘束感，一下子消除了一大块。通过解名字赞扬下属，使下属的荣誉感提升了好几倍。如毛泽东同志评价吴德、吴成："吴德有德、吴成有成”。

16. 讲究处置术

下属工作不力怎么办？是冷眼相待，“没鼻子没脸”扔下几句话，还是不予理睬、亲自上手？对此，不同的人有不同做法。叫我看，最明智的一条就是深入下去，找到原因，对症下药，协助下属把活干好。具体讲，有 4 条：

一是“导”。下属工作不力，思想不顺、情绪不高、态度不端正往往是主要症结。有的对你安排的工作不满意或与你有隔阂；有的对分配的工作有看法，背后说三道四，干起活来马马虎虎，心不在“肝”上。刨树要刨根，“根烂了结不出好果子”。因此，作为中层领导应明白：“心急吃不上热豆腐”，首先，头脑要冷静，耐心加以疏导。一要放下架子、亲近下属，听取呼声，把准脉搏，缩短上下级的心理距离；二要帮助下属解开疙瘩，发动机器，甩掉包袱，轻装上阵；三要运用典型说话，给下属找出样板；四是要反思自己，事出在上头，还是个人安排工作有问题，如果是个人的原因，既调整部署，又调节情绪，工作“商量着办”。另外，还要善于解惑，实际上下属的素质不可能是一般齐的，对此，既不能苛求，也不能等同看待。疏导下属也要抓住症结点，从根本上解决问题，诚心诚意地帮助他们理顺情绪，把理讲明白，说透彻。

二是“帮”。下属能力不强、胆量不大，往往会产生畏难情绪，“不是不想干，是力不从心”，对这种下属不能置之不理，“庸才、英才都是人才，关键看你怎么用”，下属对有些活是“初见咋练”，心理胆怯有情可原。

具体做法：一是“帮一把”，既分配工作，又教方法、讲程序，让他们“干一事、学两手”；二是“找好伴”，安排品性好、能力强的下属一起“搭”伙计，共挑担子，既分解难度，又“手把手”学到手艺，特别是找到了自信，素质上提了层次；三是“垒台阶”，安排工作的难度循序渐进，“得寸进尺”，逐步增加，不能急于求成，让他“一口气吃个胖子”。否则，就会办“杀鸡取蛋”的事，任务完不成，还打击了自信心。

三是“逼”。有的下属工作不力，完全是惰性太强，要么泥菩萨的屁股——推不动，要么孙猴的屁股——坐不住，算盘子作风、水鸭子作风、拖拉机作风样样俱全。调教这种下属，必须“逼”字当先，加大压力，强化鞭策。

怎么“逼”呢？一是从难从严安排活，让他担子重一点儿，标准高一点儿，时间紧一点儿；二是经常检查督促，工作中，有了进步就肯定，发现毛病就“敲打”，让他不敢怠慢；三是要有督导机制，领导工作多，不可能常盯着催着，可订个条文，授权有关部门或人员，定人定时定量定标检查督导，经常“扬鞭不止”，时间一长，这些人就提升了危机感、紧迫感，时间概念就强了。

四是“换”。就是说“干不了走人”，这虽然并非良策，但有时事逼到头上，“不得已而为之”。这不是踢皮球、甩包袱，是为了给有的下属新环境、新舞台，让他面对新情况，树立新目标，自我反省，自找压力。有的人能力很强，但老在一个地方不流动，成了“老油条”，工作一塌糊涂，时间一长，很容易“一棵树上吊死”，而且还会“恶”习蔓延，贻误他人。有句老话叫“流水不腐”，就是讲人换一换环境和岗位，就可能重现生机和活力，“人还是那个人”，但“旧貌换新颜”啦！当然，调整以前要说明原因，打通思想，不搞简单行政命令，不伤其自尊心，以便为其重塑自我创造条件。

刚才讲的是下属有毛病时，总的处置要诀，但在日常工作中有些批评下属的具体方法也要注意，不然的话，就会事与愿违，“费力不讨好”。具体有这么几条：

因人而异。批评的方式有很多，但管理者应根据当事人和具体事来选择。比如，性格内向的人爱面子，对别人的话很敏感，可以采取鼓励为主、委婉批评的方式，有时不免给批评披上赞扬的外衣，赞扬后再批评更易让人接受。很多人开始批评前，先真诚地赞扬别人，然后再接上一句“但是”，再开始批评；对生性固执或自我感觉良好的员工，可以直截了当先告诉他错在何处，适当警醒他、敲打他；对犯有严重错误的下属，要采取公开、正式批评的方式，要有点“说法”；对于轻微的细小差错，应私下点到为止，不可不依不挠；对下属思想情绪上反映出来的问题，批评起来也不可盲目武断，有时消极态度后面隐藏着正当的需求，对此，应区分是物质的、精神的需求，还是工作需求、休息需求，分别加以对待。

精确处置。有人说，科学的惩罚是“烫火炉”，烫火炉是很讲政策的，是有分寸的，它只烫你碰它的那一部分，不会烫伤你的别处或全身，也就是不迁怒，不搞株连九族，也就是惩罚要适度，过度就是“迫害”，那样做，难以让人口服心服，甚至造成不良的连环效应。

对事不对人。虽然说事是人做的，但在批评下属时，还要尽量“对事不对人”，这样做，下属会客观地自我反省，避免认为你有成见，也容易让人服气，给其他下属也会留下好印象，能从正面吸取教训。

惩处不隔天。处理人也有个时机问题，有的事发生已两三个月，“事过境迁”，人们都淡忘了，你这儿讨论来讨论去，最后抛出个“处理结果”，作用就会大打折扣，人们不在意了，对你的工作作风和效率也会产生消极评价。

巧于善后。也就是批评后，要“见好就收”，不能下属都接受了批评，你几天后还喋喋不休，唠唠叨叨没完。下属如有抵触情绪，当领导应私下多谈心，晓以利害，消除误解。如下属确实改正了错误，应以显微和扩优为切入点：显微，就是中层领导善于发现下属微小的进步和闪光点；扩优，即微小的进步进行放大，通过表扬和激励，使微弱火花发展上升为熊熊烈火，以达到扬善补失的目的。过去某机务段，从严管理出了名儿，每次安全百日里会对因违犯“两纪”职工处分或发牌处理几十个，但他们实现百日后，立即对受处分人员撤销处分，效果很好。

17. 管人用实招

有句老话:“林子大了什么鸟都有”,你手下这些“鸟”鸣叫的声音有高低,飞的距离有远近,食物要求不同。应该怎么管?叫我说对什么人用什么招。

比如管理老资格的下属,应该谦虚在前,坦诚为重,人格要好,胸怀要宽,关心要多,原则要讲。比如管理原来是你上级的下属,则应讲尊重,常联系,存争议,保大局。针对傲气十足的下属,则应用其所长,切忌打击;偶尔用锐,消其傲气;常交重担,使之畏惧。对私心较重的下属,我的办法是正当要求要满足,额外要求须婉拒,办事公平一杆“秤”,丝毫不让沾便宜。对孤癖封闭型的下属,则要尊重人格,欣赏成绩,适当放手,堵住非议。管理犯过错误的下属,常用的方法是治病救人,与人为善,区别对待,真疏善导。针对社会经验不足的下属,有效的方法是经常沟通,理智相待,适时指导,教法育人,常打“防疫针”,多上风雨路。现在知识型下属增加,对他们更应区别相待,提升“管理术”,主要做法应是放手使用,信任有加,自主决策,弹性时间,尊重价值,培训宜多。具体讲应把握6个关键点:增加学习成长负责的机会;确立置梯搭台的途径;提出激发潜力的目标,提供富有挑战性的工作;营造奋发进取的环境;给予张弛有度的空间。思想教育疏导要讲究10术:宜导不宜堵;宜柔不宜刚;宜细不宜粗;宜扬不宜贬;说服不压服;指导不指责;点到不点破;弄清不弄僵;消气不赌气;交友不交恶。哪个单位、部门都有不大服从领导的,也就是“难缠”的下属,对此怎么办?我认为,应该多沟通,除误解;柔克刚,情怯邪;恩威重,多法解;省自己,提境界。有句话讲:处难处之事,可以长见识;处难处之人,可以练德性。

18. 赞扬带微笑

面部可以说是一个人综合的象征，换句话说，反映一个人内心变动的就是脸色，这可以说它是“一个人价值的外观”。笑是表达和增进感情的重要方式。有人说，爱笑的民族，是甜美的民族，爱笑的人，是甜美的人。

美国总统林肯有一位朋友，一次向他推荐一个人当内阁成员。林肯不用他，推荐人询问原因，林肯说：“我不喜欢他的长相”。“哦，那不是太过份了，长什么样不在他呀！”。“不能这么看，人过了40岁就应该对自己的面部表情负责。”

有人说，带微笑的赞扬是人类精神的阳光。行为学家们也曾做过无数次试验证明微笑赞扬的重要性，人们特别崇尚、倡导这种带激励的行为。

有一个实验，有个班的学生被分成3组，每5天考试一次，其中一组常受表扬，另一个组常挨批评，还有一组不加理会，既不赞扬也不批评。结果正像所预料的那样，那些常被表扬的学生成绩有了较大提高，既不表扬也不批评的学生成绩没有变化，唯独常被批评的那一组，不但没提高，反而下滑了。

有人说，对聪明的孩子，不管是批评是表扬，他们都能进步，只是多少不一样。但对能力差一些的孩子，表扬就能进步，批评打击会使他们倒退。

这一点不仅适用于学生，对企业员工也适用。一个人经常对别人的过失指手划脚，他在别人眼里肯定也是有缺陷的。有位哲人说过："别忘了，当你用食指指着别人背后说三道四的时候，你的其余三个手指正指着自己！"一位心理学家说得好：微笑赞扬对温暖人类的灵魂来说，就像阳光一样，没有笑，我们就无法成长。鲁迅有句名言："相逢一笑泯恩仇。"

所有的人都希望上司用微笑对待他，而不是横眉竖眼，板着面孔说话会大大妨碍上下级思想心灵的交流。所以，有些企业在招聘人时，以面带微笑为重要条件，他们希望下属"诚于中而形于外"，带着笑容同顾客打交道，把企业产品推销出去。

有一个实例：两名大学生毕业后到同一家企业应聘。面对发问，甲滔滔不绝，很有点"英雄无用武之地"的劲头。乙相貌平平，却满脸带笑，既平静又稳重地谈自己的见解，结果，乙得到了录用。原因在哪里？用主考官的话讲，从乙的笑容里，看到了他具备礼貌、自信、稳重的品质，认为他有工作潜力。微笑因幸福而发，幸福伴喜悦而生。"微笑能增加你成功的机会。"实际上乙的表现不仅仅是微笑，而是一种魅力、一种气质。何为魅力和气质？叫我说，它是一个人内在品质和外在感官相结合的一种展现。我们经常在大饭店、宾馆、商场看到服务员礼貌规范地服务，实际上那不仅只是一种笑容，而是内在素质的外在表现。

下面是一个练习，它能帮助你松弛一下，脸上充满真诚的微笑。

①舒适坐端正，放松身体，一旦感觉全身松弛下来时，试着微笑。

②回忆令自己愉悦的事引发微笑，并延长微笑的时间，进行自我欣赏。

③让微笑先在眼睛里展现，然后洋溢到嘴角，最后扩展到整个面部，并试着朗诵诗篇或散文。

④想像自己站在照相机镜头前，展示自然的微笑，或者试着同下属交谈或处事。

如果每天你练习几次，微笑就成了一件生活中自然的事。当大脑经常发出微笑信号，全身松弛就成为一种习惯，同下属交流、谈心、赞扬别人就自然而然地增加成功的机会，增加工作的效率。

19. 要讲“治己”

同级之间发生矛盾，原因是多方面的，既有自身的，也有对方的，“第三者”插一腿的也可能存在。俗话说：一个巴掌拍不响。要解决这些矛盾，都应先从“治己”开始，自我控制，自我调节，从自身找原因，形成一个解决矛盾的好姿态、好环境。好比一个人的肠胃，有时会功能紊乱。功能紊乱有外部因素，也有自身因素，这时，如果吃点开胃的食物或药物，就有助于自我消化。如果说自己是受委曲的，次要因素也有自己的“份”。这里，“治己”是“治人”的前提，也是“治人”的策略。常有这种事儿，“治己”后，“治人”的效果就冒出来了，矛盾轰然消失。

有一句老话：“江山易改、本性难移”。意思是说“治己”难度大。但是，“本性难移”并不是不能“移”。确实本性是几十年的脾气、性格、处事方式，已经习惯了，改起来不易。但只要有决心、有恒心，以大局为重，以事业为要，“治己”还是想得通、办得到的。当然，这个“治己”也不是无原则的迁就，面对大是大非，把“治己”同“治人”结合起来，把“先治”的策略和“后治”的原则揉到一起，本身就是处理同级关系的艺术，也会出现出人预料的效果。

20. 要会“居中”

在一个领导班子里，有意见分歧是常事，闹到不可开交的地步也不稀罕。“两军对垒”，作为领导班子的“第三者”怎么办？“事不关己”，“不声不响”，当然可以。但常此以往，是不是有点态度消极，成了“和事佬”。当然，发表意见，可以赞成一个、反对一个，但这样会造成“简单化”，容易给人有偏有向的印象。这时，也可以提出第三种意见，或者寻二者的共同点、相似点，提一个综合性的意见。“你说向北走，他说往南走，咱们一起向东走怎么样？”这就是“居中”，也叫“不偏不倚”。能站在“居中”立场上说话，不容易。

起码要具备3种因素：一是气魄。资格老，经验丰富，在班子中有认可度，敢于发表意见，懂得协调技巧。二是说话“理真”。有“理”不怕影子斜，真理在胸，有客观依据，处事有根底，有大家赞同自己意见的把握。三是“台阶”合适。第三种意见是没有“偏向”的，不伤两人的面子，维护了他们的尊严，争端双方只好“就坡下驴”。

21. 要把“分寸”

分寸就是有“度”，处事有“度”是搞好同级关系的一大技巧。有“度”说得具体一点，就是“恰到好处”，为“节骨眼儿”。干事的态度、时机、场合、方式等等都有“恰到好处”的问题。坦诚但不粗率，热情但不媚俗，谦虚但不自卑，谨慎但不胆怯，自信但不自傲等等，都应该说是恰到好处的表现和姿态。比如反映在安全管理上就有敢于和善于的问题，敢于管理不能不讲章法，没有轻重，应该做到有理有力有节；善于管理，也不能把方法讲得过了头，见了歪风不敢刹，遇到违章不敢讲，拉不下脸子，伸不开手脚。正确的方法就是刚柔相济、文武兼备，因人、因事、因地、因时而宜，不可简单化，也不要走极端，应把分寸感把握好。

22. 要增感情

感情是人际关系的“指示器”和“调节器”。同级之间如果感情融洽，没有“心理防线”，自然矛盾和冲突就少；即使发生了，也容易化解。增进感情就是交往时要注意态度、场合，说话时语言尽量要用“商量式”、“调适式”、“安慰式”、“互酬式”的话，防止日常因小事小节、一两句话惹起冲突“火花”，或使矛盾激化。

这里，尤其要注意“制怒”。喜怒哀乐，人之常情，出现愤忿的情绪也在所难免，但“头儿不能太情绪化”，因长此以往，容易误时误事，把周际关系搞僵，成为“孤家寡人”或坏了大事。如《三国演义》中的张飞为造白袍怒责部下，结果被范疆、张达切了脑袋，刘备怒气难抑，起兵亲征，又被东吴火烧连营。

制怒不是一件容易的事，它是一个人理智战胜感情冲动的过程。制怒需要一个宽胸怀，“忍人所不能忍”，还需要能自我调适，有个高境界。特别如果有人搞“小动作”，拨弄是非时，更应该制怒，“三思而后行”，切忌“听风就是雨”，别人“添油加醋”就上火。

有一个例子，有人要告诉苏格拉底一件事，对方刚开口，苏格拉底就反问：“这事是不是真的”？对方说：“我是听别人说的。”苏格拉底又追问：“这不是好事吧！会不会损害人？”对方沉默不语。苏格拉底讲：这事不要传了，我们有那么多工作，没必要理会这种不真不好又没多少价值的事。苏格拉底“不是是非人，不理是非事”的做法很值得我们日常参考。

“发火动怒”于事无补，但“雪中送炭”、“雨中送伞”则应大大提倡。特别是同级日常遇到灾祸和危难，你如果伸出友谊之手，拉人一把，别人会铭记在心，永世不忘。

“关键时刻送温暖”容易收到“奇效”，特别是平时有点矛盾、隔阂的同事，关键时一句话一个行动，就可能“化干戈为玉帛”、“握手言欢”、“重归于好”。这种事一般要借过年过节时、发生红白事时、同事得病受伤时等等。从大的方面讲，如果工作出了“漏洞”，受到挫折，需要补救时，遇到难题手足无措时，新上任领导情况不熟时，同级领导“仕途”不顺时，家庭变故、身处逆境时，这些时候你姿态如何，行动怎么样，会直接影响到同级关系，所以应特别注意改善周际环境。

过去有一句话：为朋友两肋插刀。咱们不这么讲，咱可讲为伙计千方百计。过去，李瑞环批评有些人：“为领导办事，够不着，翘着脚尖也要办；为同级为下级办事，一弯腰就能够着，也不办”。我们同同级同下级打交道，可不能取这种态度。

23. 要善合作

有句老话：“土帮土成墙，人帮人成王”。作为中层领导更应记住“群策群力，众志成城”的格言，想方设法同人合作。

成功者的路有千千万，但总有一些共同之处。有一个“杰出青年的童年与教育”的调查，专家发现，杰出青年大多数是善于同他人团结合作的人，他们的共同特性是善于同人交往。前些年美国加利福尼亚大学一位副教授对美国 1500 名有杰出成就的人进行调查，发现他们都有一个长处，就是善于与人合作。

帮助别人就是强大自己，帮助别人也就是帮助自己，别人得到了自己也不会失去，这可能就叫“双赢”、“相得益彰”。但有些人思维模式比较陈旧，他们认为，帮助别人自己就要有所牺牲，“得不偿失”。比如帮助别人找资料，就会浪费自己的时间，独享的资料会丢失。

实际上，很多时候帮助别人，自己也会从中受益。有这样一个故事：有一个人被带去观赏天堂和地狱，他先去魔鬼掌管的地狱，第一眼就很吃惊，因为所有的人都坐在酒桌旁，桌上摆满了各种酒、菜。

然后，他仔细去看时，他发现这些人都没有笑容，也没有盛宴的音乐，没有人狂欢，而且很沉闷，无精打彩，都是皮包骨。他们有一个特点，每人左臂都捆着一把叉，右臂捆着一把刀，刀和叉都有 4 尺长的把手，使它不能用来吃饭。所以食品虽在手边，结果吃不到，一直在挨饿。

后来他又去了天堂。情况大不一样：同样有食物、刀、叉和 4 尺长的把手，但天堂的居民都在唱歌、说笑。参观者很纳闷，为什么情况相同,结果却不同,有的挨饿又可怜,有的有吃有喝很高兴。最后,他找到了答案:地狱里每一个人都试图自己吃,可 4 尺长的把手,使食物放不到嘴里;天堂里每一个人都是喂对面的人,对面的也喂自己。因为帮助了别人,结果自己也得到帮助。

这个启示很明白。如果你帮助其他人获得他们需要的东西,你会得到帮助;你帮助的人越多,你得到的也越多。结论是:合作使大家受益。

一个哲人说过:你手上有一个苹果,我手上也有一个苹果,两个苹果交换后,每人仍然只有一个苹果。但是,如果你有一种能力,我也有一种能力,两人交换的结果,就不再是一种能力了。

一加一等于二,这是人人都知道的,可是用在和人的团结上,所创造的成效就不是一加一等于二了,完全可能是一加一等于三、等于四、等于五……,团结就是力量,这是最浅显的道理。

过去有一句话:“齐心的蚂蚁能吃虎”。蚂蚁是人们见到的最为团结的动物,他们的“公有制”的成分非常大,每个蚂蚁都在为了集体的生存和幸福在劳动,因为他们知道,任何一个个体,都是很渺小的,必须团结起来,才能办成事、办成大事。《动物世界》介绍过一种食人蚁,别说是人,就是一头老虎、一头狮子,要是遇见了食人蚁群,短短的时间内也会变成一堆骨头的。作为一个中层干部,一定要注意这一点,能不能与同级搞好关系,把结合部的事处理好,这是关键。

说到团结合作就有个善于同不同风格的人打交道的问题。过去讲:干草能和百药。在团结合作上我们要欣赏干草的品位,据中药药理讲,它是什么都能兼容,这实在不简单。按理说谁没有个性呢?可它不是,因此得到了欢迎。这就告诉人们,做事一定懂得兼收并蓄、博采众长,试着同各种风格的人打交道,就会得到意外的收获。

确实,真正团结人、帮助人,愿意为人办事的人永远不会“吃亏”,而且会得到“你帮人一尺,别人帮你一丈”、“以德报德”的结果。

据说,春秋战国时期,群雄并立,各据一方,都想吞并对方,建立自己的一统天下。各诸侯国之间斗智斗勇，既养兵又养“士”。“士”就是谋士，就是智囊，一些有见识的君主，也重视团结谋士，发挥他们的作用，一时间，“养士”成了治国理政、称雄天下的良策。

养士最多的是齐国的孟尝君，号称“养士三千”。《战国策》里就有冯谖为孟尝君“焚券买义”的故事。

有一年，孟尝君的领地“薛”闹饥荒，没有人敢去收租税，冯谖毛遂自荐，前往“薛”地。到了“薛”地，他没收租税，反而以孟尝君的名义把老百姓召集起来，宣布租税债务因饥荒原因，一律作废，并当着百姓，一把火把债券全烧了。老百姓欣喜若狂，齐呼“万岁”，来表达对孟尝君的感激之情。

冯谖回来后，向孟汇报收租之行。冯对孟说，我看贵府“宫中积珍宝，狗马实外厩，美人充下陈”，什么都不缺了，就是缺一样东西——“义”，我这次出行，给您买来了“义”。

孟尝君听了大吃一惊，就有些不高兴，他埋怨冯谖出行越权，使府上受了损失。

后来，齐国换了新国王，国王听信谗言，把孟尝君宰相乌纱帽给摘了，封他到“薛”地为侯。孟尝君上任时，未至百里，老百姓就扶老携幼，前来迎接，欢呼之声，不绝于耳。

这时候，孟尝君才恍然大悟。如果冯谖当初没有焚券买“义”，现在谁会夹道欢迎自己呢？原来是以“体贴换来尊重”。

由此看来，一个干部如果不据实出发，为人办实事，不会团结人帮助人，就得不到别人的欢迎和爱戴。“善有善报，恶有恶报，不是不报，时间未到”的话是有一定道理的。

24. 是否烧火要“慎”

初当中层领导，大都踌躇满志，雄心勃勃，但对自己“人事令”仔细揣摩之后，也会感到这是一副操心费神的担子，在上司手下当下属不容易，当别人的上司也不是一件简单的事，肩上的担子重多了，难题也大多了。

不论刚走上中层领导岗位的新干部，还是平调出任新职的老干部，上任之初，都想烧它几把火，打开新局面。这是雄心壮志，反映了一种精神面貌，是好事，但好事怎么办好呢？这就有讲究、有说道。

俗话讲："头三脚难踢"，这难，无非来自两个方面：一是"大闺女上轿——头一遭"，这活没干过，缺乏经验，还摸不着规律；是刚到一个新单位，情况不熟，人地两生，如果"情况不明决心大，胸中办法无数多"，势必违反常规。不论青红皂白，大刀阔斧去干，肯定把事办砸。这好比医生不问病症、不号脉，就乱开药方。"不慎其前，而悔其后，虽悔无及矣！"有一句老话："君子慎始"，说的是如果开头不慎重，放火乱烧一气，今后工作会被动。领导者要想走马上任后，烧好头三把火，必须闹清"拾柴"和烧火的关系，把"柴禾"准备足。这里的"柴禾"，就是情况和信息，到底应拾什么"柴"？

一是宏观情况。就是单位外部对它的看法，这个部门在单位定位如何，属于什么层面？上级过去对它有什么看法，现在有何期待？它的上下左右的环境怎么样？还要从原班子成员、文件资料和下属的座谈汇报中，了解该单位的工作性质、主要任务和工作重点，特别是当前面临的工作状况和需要解决的急迫课题。这样，首先有一个概括的大致的了解。

二是具体状况。主要是有关方面、相关人员的工作性质，安全情况，效益情况，人们的工作作风、效率和相互关系等等。

三是人员情况。主要是指思想状况，人员的性格、脾气、特长、家庭生活等，并尽快记住他们的名字，同他们搞熟、摸透，便于今后合作。

四是前任情况。他的声望、信誉、人们的评价怎么样？有何长处和缺点，有什么经验教训。了解这些情况可以同人个别谈，在聊天中获取，也可以同前任交流，从一个侧面获得"真知"。

情况有了，需要来一番分析。"凡事需三思而后行"，如果本部门、车间业绩好，内部环境好，前任口碑不错，即使你有"踢三脚"的打算还是少动为妙，来日方长，等你站稳了脚，扎下了根再施展也不晚。当然，如果本部门、本车间状况不佳，对前任领导反映多，人际关系一盘散沙，你就必须大刀阔斧，动点真格了。

25. 开局抓事要"准"

上任伊始的中层领导，工作环境变了，工作内容变了，工作对象变了，要想打开新局面，必须抓事有"准"头。

(1)抓事有点子。这个点子就是在初步调查研究的基础上，了解部门或车间存在的主要问题和产生问题的缘由；抓准入手点，通过抓事顺藤摸瓜，边解决问题边深入了解工作现状；慎提新路子，这时工作还是初始阶段，容易"盲人骑瞎马，夜绊林深池"，明智的做法是延续前任的思路，结合自己的想法抓事，切忌抛开一切，另搞一套。

(2)抓难有法子。中层领导上任后遇到的第一个难题就是"新官理清旧事"，旧事理清，关系才能理顺。但旧事往往是难事，是硬骨头，为什么？

一是日积月累，天长日久，当事人、当事环境已发生不少变化，"快刀难斩乱麻"。

二是千丝万缕、盘根错节，各种缘由掺杂其中，扯出一个头，带出一串"故事"。

三是事在"人"为，往往旧事的主要矛盾是前任领导，容易"一石激起千层浪"，"剪不断理还乱。"

四是事过境迁，政策有"变"，如果解决"旧事"，作为新任领导，既不能因困难不办，也不能有人找有人催而快办。因是旧事，理起来容易牵扯人，耗费力，许多人会退避三舍，不愿参与。这些都是新任领导头痛、心烦的症结所在。

解决这类问题，应坚持 4 点：

一是熟能生"效"之法。"解铃还须系铃人"，尽量交给原承办部门、承办人，他们情况明、政策熟，便于理清。

二是就近取"才"之理。要从本部门、本单位找到熟悉情况的当事人、相关人，把老问题解透澄清。

三是同情达理之则。既然是老问题、硬骨头，就有不近情理之处，甚至“伤筋动骨”的地方，给人带来过痛苦、伤情，对此，应寓情于“理”，注重同情人、同情事。对造成症结的相关人员也要宽容，用情理去感化他、触动他，以便使之检点自己，产生悔过之意，尽快融入新氛围之中，这样，会使整个理事过程同情达理，富有人情味。

四是公心处事之道。公心处事是关键，一方面对处理这类事情态度要积极，千方百计予以解决，一方面又要合法合理，“公道”二字，贯穿整个过程。这样，会增加下属信任感，扩大自己的影响面。

(3)抓人牵“绳子”。过去有句话叫纲举目张，“纲”就是绳子。过去讲抓主要矛盾，叫牵“牛鼻子”，也是这个意思，抓“人头”、抓“绳头”就是抓住了“牛鼻子”。一切都是因“人”而起，“人”的关系理顺了，“事”的关系也就理顺了。

职务变了，可别忘了你当员工时大伙聚在一起的心声：“最看不起的是为政不廉的上司，最不信任的是处事不公的上司，最不服气的是光说不干的上司”。孔子说过：“君使臣以礼，臣使君以忠”。孟子也说过：“君之视臣如手足，则臣视君如腹心；君之视臣如犬马，则臣视君如国人；君之视臣如草芥，则臣视君如寇仇”。要想理顺关系，有三个方面需牢记：

一是清正廉洁。“公生明、廉生威”，官晋一级更要严以律己，宽以待人，做到自尊、自爱、自重，从点滴做起，为下属做出样板。二是与人为善，以诚相待。新任领导的处事态度是大家最为关注，也最为敏感的问题，因此处处事事秉公办事，不徇私情，不分亲疏。三是尊重下属，扶正怯邪。要想理顺人际关系，一个重要的问题就是敢于奖优罚劣，好的员工、好的典型、好的风气、好的成果，要及时表扬，树立榜样；对不良风气，要敢于碰“硬”拔“尖”，不给他们表现的市场和机会，使上下形成一个好的环境。

(4)抓效结“果子”。“当官不为民做主，不如回家卖红薯”。不管怎么讲，要下属信服，就得实实在在地干出点事来，这是中层领导的立身之本。一个新上司上任后，下属不是看你学历如何，看你的级别高低，更不会看你有没有背景，而是看你熟悉单位、部门情况后，能不能为大家办实事，打开局面，以取得人们的信任度、尊重度和认可感。当然，“贪多嚼不烂”，“一口吃不成胖子”，为了不辜负人们的期望，应该从小处入手，从实处着眼，由浅入深，抓住急待解决的热点问题，抓出成效，结出第一个“果实”。

26. 看前任工作要“妥”

一般的说，中层领导一上任，马上就面临如何看待前任工作的问题，这个事很现实，也很敏感，特别是有些人很关注。应该说，领导总是有一定成绩和优点，新任领导应给予充分肯定。这不仅仅是对前任功过的评价问题，而且影响部分下属的思想情绪。所以，一个明智的新任领导不宜有否定前任的点滴说法，忌讳讲前任这个不对，那方面有过失，甚至把别人说得一无是处，或者谈论某项工作时，把前任捎带进去，进行贬低，以显示自己高明。恰恰相反，这样做的结果，反而会伤人太多，降低自己的威信，是愚笨的表现。仅仅自己不议论前任还不够，还应做好引导下属情绪的工作，有些人原来就同前任领导有“过节”，有气没地方出，现在看到有了转机，就会搞点小动作，“撒撒气”，对此，应有所抑制，加以引导，掺合进去不合适，放任不管也不妥。

不对前任进行评价，不等于对前任负责的工作不进行认真的思考。往往前后任的交接只是个形式，时间不会长，谈的问题不会面面俱到，特别涉及有些政策出台背景和事情的缘由没有时间细讲。但新任领导事后要对诸多事宜，要问“为什么”，要了解“前任当时的思路”，明了“道理何在”。如果原因、道理经过思考，仍不够清楚，可找知情人谈心或召开座谈会弄清原委，以便为下一步工作奠定基础。

在这里，对前后任工作衔接应该说几句，前后任交接期间可能会造成“空档”，应采取具体措施，度过衔接期、过渡期，防止出现“真空”状态。杜绝这一点，很重要的问题就是工作要讲连续性。因为凡是一项重要工作从安排布置到完成，都需要有个过程，需要较长时间甚至几任领导的努力才能完成。这样的工作,不能"一个将军一个令",领导变了,前任的主张、思路跟着"一风吹"。新任领导到任后,对原班子定的,连续性强的工作,如没有特殊原因和重大失误,就应该"承前启后",接着干下去,最后画上圆满句号。决不能"自恃英明"、"不同凡响",翻"烙饼",得实祸,最后劳民伤财。

古代有个故事,叫"萧规曹随",说的是西汉初年,丞相萧何死后,曹参继任,他认为前任的政策、法令很高明、很正确,不宜做什么修改。所以就照老章程继续干。这说明曹参有两下子,很明智,敢于从实际出发。所以,新任领导,不要当"救世主",包打天下,搞"惊人之举"。领导履新还是多听多看少表态,"好饭不怕晚",等你情况明了,胸中有数的时候再决定问题,一定会更好。

27. 上情下情要"顾"

作为新任中层领导,实际上就具备了双重的身价特征,既是领导又是部下。要领导下属,还要被上级领导所领导。这种身份特征,一个很重要的方面就是畅通主要渠道,所谓主要渠道就是顾"两头"。必须了解上情和下情,及时上情下达和下情上达。不了解上情就是缺"头脑",不清楚下情就是缺"耳目"。中层领导顾了"两头",就起到了桥梁和纽带作用,成了承上启下的中坚。

所谓"上情",就是通常所说的"上头精神",当然也包括领导精神,这个要"吃透"。所谓"下情",就是本系统、本单位、本部门的实际情况,这个要掌握。上情和下情都有了,还有个结合的问题,还必须练就"结合功"。

练"结合功"主要有3方面:

一是变大为小。上级的精神是管全局、管方向的,有普遍的指导性,说俗一点就是比较原则、概括,各部门执行起来不能上下一般粗,"照方抓药"。对那些要求明确的、普遍适用的,要制定具体措施,拿出"小点子";对只提供了笼统说法和一般原则的,要从自己的"一亩三分地"出发,上级说了一条、两条,到下边要变成三条、五条,甚至七条、八条,也就是要细化;工作步骤安排上也要考虑不同系统、不同单位、不同部门的“差异性”，进度可以有急有缓，顺序可以有先有后，程度上可以有重点有一般，不能“一窝蜂”，“一刀切”，过份讲究“整齐划一”。

二是变粗为精。工作切忌一般化，主要力量要放在做“特色饭”，炒“特色菜”上，创造性地开展工作，讲创新、讲特色。这方面，不妨抓个“点”，就是培养典型，让典型说话，以点带面。变粗为精也有个“质”的问题，办事不能图形式，“水过地皮湿”，需要高标准、严要求、上层次，不能“会开过了就是传达了，传达了就是干好了”，应拿出“质”的标准，有“格上格”的规定性的东西，以求取得成效，使整个工作不停留在一般传达贯彻水平上。

三是变虚为实。主要是把上边精神具体化，说实话、办实事、做实功。上级的政策是针对全局、大面上讲的，原则性的多一些，理论味浓一些。我们作为一个单位、一个部门就不同了，就不能老是重复那些什么时候也不会错、放在哪里也不会错的“原则话”。应该说，变虚为实，就是“顾上”和“顾下”的结合，顾下不顾上，是和上级相处的一大忌讳；只顾上不顾下，也同样会带来很多麻烦，这些麻烦，主要指难以开展工作，会失去人心，同样最终也会失去上级的信任。工作能否干得好，就可想而知了。

28. 运权授权要“巧”

在铁路企业当个领导，面对的事务真可以说是千头万绪。有人说：“早七晚八，一天十三，休息日白搭”，“两眼一睁，忙到熄灯”，这些说法都不为过。但是这种做法是否科学，就值得画个问号。从现在看，这种“兵来将当、水来土囤”、“人盯人”的办法有些“费力不讨好”，实在有点落伍了。出路是应学点分身术：管好该管的事，丢掉不该管的事；超脱一点儿，从繁忙的事务堆里跳出来，也就是说“大权独揽，小权分散”。

现代领导科学表明：领导是分层次的，领导者要干领导的事，不能包办下属，更不能越过下一级去管更下一级的事，管得越多越不利于工作，事事处处自己“说了算”，会束缚下属的积极性，把人家的手脚“捆”住。

“不需要你做每一件事，90％你要做的事别人会比你做得更好”，这是英国一位企业老总的名言。是否可以检查一下自己的“自我体验”：当你忙不过来的时候，当你感到精力、体力不支的时候，你就应该“反省”了，“我是否越权了，是否打乱层次了，做了应该别人干的事”。无端的干预，只能让事务缠身，而且只能培养无能下属，整天唯唯诺诺，指指动动，变成无思想、无主见的“木偶”。

授权是领导艺术的重要内容，也是分身术。是领导者从做事向成事的一大转化。从优点来讲，它可以使领导避轻就重，有时间、有精力抓大事；有利于下属长才干、成人才；开阔员工舞台，使“英雄有用武之地”，可以练就“事业功”；上下级之间优势互补，使人才结构得到优化。

人们大都知道授权的重要性，但有的授得好，有的效果就差一些。这里边关键是方法是否得当：

(1)扬长避短。常讲的一句话叫知人善任，实际上知人是前提，善任是立足点。知人是要全面的观察，辩证的识别；善任就是因事设人，择人任事，用人之长，才得其所。谁都有长处和短处，如果当领导的光看下属短处，就不会痛快交权，就是授权后也不会放心。因此，身为领导者，不能以己度人，下属资格浅、年纪轻，当然有不足之处，关键是领导者要立足长远，多从下属潜能看才干、看发展。如果打个比方，可用七分眼光看长处，三分眼光看不足。说不定等不了多久，就会“青出于蓝胜于蓝”，超过领导者自己。

(2)“交担分权”。当领导的应懂点超脱艺术，适度超脱，琐事超脱，拨冗去繁，分权放权。超脱不是不干事，不理“朝政”，脱离群众，是为了干要事、大事，干更需要自己干的事。原来曾有一位站段主要行政领导，很懂“授权术”，逐级负责制落实得很好，我当时给他总结了3句话：“统揽不细揽，放手不撒手，决断不独断”。一个单位、一个部门职责确定以后，就应该把相关的权力交给下属，把机会送给更多的人，这样的领导才是一个明白人，才能最大限度调动下属的积极性。不应长着一个“婆婆嘴”，这也不放心，那也不满意，指手画脚，让人怎么干都不是，像个“小媳妇”，整天提心吊胆。

(3)指导不指令。授了权，不是完事大吉了，指导应该跟上。应该懂得，权力虽然给了副职，给了下属，但不适时给予指导，发生问题自己还应承担责任。指导主要是方式方法的指导，从总体上把关。再一个下属工作有了困难，还应该主动、及时关心，“拉一把”，使他们能产生源源不断的动力，把工作热情激发出来。

不事事包揽、不“人盯人”摧逼，不一竿子插到底，不越级、不错位、不包揽、不独断，能抓住大事、要事、“重头活”去干，这样的领导才能轻松，才会游刃有余地干事、干成事。

29. 自我认知要“明”

有一句老话：人贵有自知之明。从某种意义来讲，这句话含有贬义，劝告、讽刺有的人不要不知天高地厚，不要过高估计自己。但是，也有这种情况，有的新任领导有自卑感、不自信，担心挑不起领导交给的担子。

古人说："把自己看得太高了，便不能长进。把自己太看低了，便不能振兴。"客观认识自己当然比较困难，但建立起自信心确实很有必要。苏格拉底曾说："认识你自己"。罗马皇帝、哲学家奥里欧斯说过："做你自己。"莎士比亚也有一句名言："做真实的你。""天生我材必有用"。当人生下来时，智力确实有高下，人的后天经历不同，也会造成差异。即使有些看起来很笨的人，也许有特定的才能。中国古代有个叫阿留的人，好多人认为其愚笨无比，其实他精于绘画；陈景润当不好数学老师，生活自理能力也不算高，但他可攻世界数学难题；柯南道尔作为医生并不太有名气，写小说的才能却无人不知。

一位心理学家讲：我们的自我认知、自我定位，以及我们要实现的目标决定着我们在这个世界上的独特的位置。科学家认为，人50%的个性与能力来自基因的遗传。不难想像，另外50%就是取决于后天的发展和创新。也就是说，我们有些东西自己无法改变，比如身高、眼睛、肤色，我们的指纹、声音、DNA同树叶、雪花一样也是独一无二的，没有相同的。

但从另一方面来讲，你的独特之处被认定了你的形象也会得到认定，你的50%的内在潜能会帮助你实现自身的目标。"没有天分不是你的错，但不努力就是你的错了"。拿破仑说过："我的字典里没有'不可能'这个词"。确实，人是适应性很强的动物，只要肯尝试，可以说没有一种事是绝对"不可能"的。所以说，我们要克服思想意识方面的自卑，能恰当地自我认知。同样，也应该克服生理素质方面造成的自卑，用"用进废退"的理论完善补偿自己，像盲人那样，使自己的耳朵灵起来；像手有残疾的人那样，使腿灵巧起来等等。也可以改变性格、脾气、气质方面的自卑，使心胸开阔，活泼好动，洒脱自如。

过去，有句老话：胆小不得将军做。只要能够客观看待自己，充分发掘自己，不自卑、不胆怯，让长处更长，让短处变长，就是再重的担子新任领导也能挑起来。

30. 外部力量要“借”

一个新任领导，就是雄心再大，能力再强，光靠单枪匹马，只跳“光杆舞”，也是不能干成事业的。这里除了要靠下属、靠员工之外，还有个借助外力的问题。

关于借力，古人有许多成功的经验，也有不少名言名句。比如荀子说过：“借助于车马的人，不必自己跑得快，却能运行千里；借助于舟船的人，自己不必识水性、善水性，却能渡过大江大河”。君子生性同别人没差别，只是因为善于借用外力外物，因而就有了不同的结果。荀子有“君子性非异也，善假于物也”的东方智慧，牛顿有“踩在巨人肩上”的西方智慧。

“借”的意义在哪里？我认为，主要是通过运用外在人的力量、物的力量、环境的力量把自身工作推动一步。内力是变革的根据，外力是变革的条件，外力是内力的“推进器”、“加速阀”。

古人借风行云，借风造势，借尸还魂，借腹怀胎，借名钓利，借鸡生蛋都是借力求得发展，帆船出海、风筝上天，也是“好风凭借力，送我上青天”。台湾一位巨富叫陈永泰，他讲：“聪明人都是通过别人的力量，去实现他的目标”。

一个人是唱不了大合唱的，必须借助大家；一只手是捂不过天来的，必须靠众多的胳臂。一个新职也是力不从心的，也必须运用“借”的技巧。比如新官上任，“两眼一抹黑”，必须依靠老的、有经验的员工做“外脑”，这是“借”；外单位、外部门试点先走一步，取得经验，自己去“取经”，这是“借”；单位发生了事故或差错，员工愁眉不展，作为领导，用教训激励大家，重振旗鼓，挫而不折，失而不败，爬起来再战，这是“借”；改革工作难推进，硬骨头“硌牙”，一愁莫展，下属有个车间、班组闯出了新路，摸出了“门道”，自己调研总结后，立即推广，这是“借”；单位工作死气沉沉，员工情绪不佳，领导前来视察，提出整顿要求，自己立马抓实施，这是“借”；上级布置了重要工作或号召开展一项新的活动，本单位、本部门闻风而动，用新要求推动自身工作，这也是“借”。

据说美国人有一个长处，就是擅长“借鸡下蛋”，搜罗人才，把世界各地在美国的留学生留住，给待遇、营造环境，为我所用，还注意吸收世界各地的精英，为自己服务，推动科技的领先发展。我想，“借”绝不是外国的专利，我们应该在这方面丰富自己、充实自己、完善自己、发展自己。

三、团结共事篇

31."一班人"合作共事应把握6个观点

班子建设是"龙头工程",在总揽全局、开展工作方面为关键环节,为领导干部管理协调艺术的最高体现。班子建设应该注意把握几个观点呢?

一是坚持起决定作用的观点。在党建工作中,应突出抓好"龙头工程",把班子建设放在党建各项工作中大于一切、重于一切的突出位置,作为首要任务去抓。班子建设是国企的永恒主题,企业的兴衰在班子、队伍兴聚在班子,有一个上下左右都认可的好班子是企业追求的最高荣誉。班子和企业,可以说是"一损俱损,一荣

俱荣”，大气候的严峻，靠班子带队伍去适应、去改变；中心工作的压力，靠班子凝聚队伍去承担；改革的难度，靠班子集思广益去化解。可以说，班子“龙头”作用的确定和发挥，在整个企业活动中起着至关重要的决定作用，处在生死攸关的位置。

二是共同维护的观点。加强班子建设，作为整体应打团体赛；作为班子成员之间，应打友谊赛。一场足球，只有个人英雄主义的显现，而无大局意识，个人技术和整体实力就不可能得到发挥；只有个别球员的超常技术发挥，而无整体的巧妙战术配合是不可能拿下比赛的。从西方木桶理论来讲，一个班子的整体水平可以形象地比喻为一只口沿不齐的木桶，其存水量多少，主要是看最短的那块木板。因此，班子建设的着眼点应放在填平补齐，增强整体战斗力、凝聚力上，每个人都注重木桶整齐划一，多盛水，拉长自身木板。用自身木板长度增加木桶容量，不做短木板，不当“护短者”。可以说，维护班子团结统一同强化木板长度是一致的，每个人都需要强化自身薄弱环节，扬长避短，不利于团结的话不说，不利于团结的事不做，自觉维护班子团结，维护班子整体就像爱护眼睛一样，让眼睫毛遮尘挡沙的功能更强些。鸡蛋，首先要防止有缝，二是不要当叮有缝蛋的苍蝇，要主动补缝、堵缝，要提供防止鸡蛋变质的有利环境，不做有损班子整体战斗力、凝聚力的事。做到了这一点，才算一个堂堂正正无私无愧的领导者，一个有党性的名副其实的合格党员。

三是“脑袋”决定“身子”的观点。有两方面的含义：一是班子建设作为“龙头工程”，在党建中是打“头”的事，是第一位的工作，在企业各项工作中起着牵头和统领作用。这方面出了问题，也会对企业其他工作带来消极负面影响。第二层意思是班子建设作用同人脑的功能一样，是“司令部”，属于“中枢神经”。“司令部”健全，身体其他部位才能动作自如，容易驾驭，而且职能作用才会发挥好。要做到这一点，大脑“司令部”的自身保健要搞好，大脑要吸取营养，富有营养，这个营养从生理上讲，一方面是供氧，另一方面是补充健脑食品，比如，脑黄金之类。从政治营养上来说，班子这个“司令部”要学理论及其他管理知识，强化综合素质，使每个领导干部富有政治头脑，富有灵魂，具有明辨方向的能力，具有政治敏感性和洞察力，以增加决策的合理性、可行性，把队伍带起来，使方方面面的积极性动起来。

四是只能创不能保的观点。班子建设不是一劳永逸的，班子建设无止境。因为领导成员的思想、工作状况，班子建设的情况处在动态变化之中，形势也在发展，就是一个各方面都比较好的班子，也不是处在真空里面。有问题是绝对的、自然的，没有问题是相对的，不客观的。今年工作适应了，明年就可能出现不适应的问题；今天看来是高标准，明天根据新精神、新要求，标准就可能是低格次的。因此，班子建设不能时抓时停，时紧时松，不能守摊保本。守摊保本的结果，只能守落后、守退步，只能砸牌子、丢称号，守不住也保不住。班子建设只能以创造性的工作抓推进，在动态中发现问题、认识问题、解决问题，高标准、严要求，常抓不懈。

五是及时消化防止累积的观点。班子建设的过程也是发现问题、解决问题的过程，也要讲经常性、及时性。有问题防止积小成大、积少成多、积小“疾”为大“患”，为“绝症”。比如开始闹腹胀、胃痛，要及早诊治，防止发展成胃炎；成了胃炎，则要吸取前车之鉴，不可再拖，防止演变成胃溃疡。对此，应把握好两个环节：一是自我诊断，自我调节，比如通过调整生活方式，调整饮食习惯，提高肠胃功能，自我消化。也就是说自己的病“哪儿疼自己最清楚”，应坚持自我开药方，解决自身的问题。二是借助外力，“借风行船”，班子内部发生问题，通过外力去促也是一个解决办法。既可以通过班子其他成员的批评帮助、征询下属或职工的意见，借助外力触动得到解决，也可以由上级出面“会诊”，适量下药，开出“快胃片”，运用外力促使内部起作用，“快刀斩乱麻”，及早化解班子建设上的症结。

六是头头抓、抓头头的观点。企业管理上发生问题，根据毛泽东同志抓主要矛盾的观点来分析，往往问题发生在下边，原因在上边，要把着眼点放在中间层、领导层，分析一下班子建设上是否存在导致出现管理问题的因素，如果有的话，则需要主要领导亲自动手，采取头头抓、抓头头的方法，把管理教育的重点放在领导层、决策层，把握住工作的主动权和导向器，把矛盾的主要方面控制住，将问题及时消化。

32. 班子建设应提倡“三位一体”

领导班子是指挥中枢，打个比方的话，应该是一台能够保持正常运转的发动机。

“发动机”要想有较多的载重力，产生较大的效能、功能，起码应具备3条：一是制度，二是素质，三是感情。制度好像机器骨架，一个框架结构；人员素质是机器零件质量，各部件质量要好，是精品；成员之间的感情是润滑剂，起到润滑作用。三个方面在保持机器正常有序运转方面应具备各自功能，起到不可或缺的作用。如果机器框架结构好，但个别零件质量不好，“金玉其外，败絮其中”，

不耐用，是废品，机器框架再好也不行；框架结构好，零件质量也不错，但缺少润滑油，部件间"硬磨硬"，时间一长，就会出缝隙，造成"间隙"超标，那时，好零件也会变成坏零件，好框架也会变成散框架。

可以说，制度这个"框架"在企业里起着定型、支撑的规范作用；素质作为企业根基，如果它能"各就各位"，各展所长，会实现整体水平提高；感情往往在班子成员间起着沟通作用，起着互谅互让的"粘合"作用，在出现超越制度规定之外的因素时，它会自然弥补。由此可见，制度是关键，素质是根本，感情是补充，"三位一体"有机结合，缺了什么都不成"机器"，不成整体，也就带不动带不好"一班人"，就不会产生凝聚力、向心力、战斗力。

33. 像"团结"二字那样搞团结

抓班子建设应把团结放在首位。在班子建设上什么最重要？班子成员合作共事最重要。一个稍有点素质，能够看开事的人都

能认清这一点。从某种意义上讲，维护班子团结应像爱护自己眼睛一样。谁都知道，眼睛这个部位最敏感，不能容沙子，团结上也不能允许别人给掺沙子。班子每个成员应珍惜团结，珍视友情。没事不惹事，有事不攒事，遇事会处事。小问题处理好，大问题不出格。谁也不准做拆台的事，不准做拨弄是非的事，不能开倒车、拉偏套。从某种意义上讲，班子党政两个正职，是“一根绳拴的两个蚂蚱”，想各行其事是不可能的。

团结的重要性、必要性不用多讲，单从团结二字的本来之义、应有之义就可看得很清楚。有的领导讲，团结出人才、出效益。“团”字是上下左右四道杠围在一起，中间有个“才”字，首先四道杠是各就各位，朝一个方向围聚在一起，没有一个打横炮的。围聚在一起，是为“才”而做，结“才”之果；紧密围绕，就会出人才，出财源，这是团结的根本，也是团结的结晶。“结”字左边是“纟”，右边是“吉”字，体现的是古代讲的一缕丝线、一把筷子的作用。一根丝线作用有限，一缕丝线力量无穷。一缕丝线加上“吉”字，本身就象征团结、象征凝聚、象征大吉大利，也就是有机遇、出效益。这是团结的应有之义，也是团结的作用之点。望文生义，意在当前，难道还有什么理由不搞好团结吗？

34. 领导成员要过好“十关”

作为一个领导干部，要处理好千头万绪的工作实在不易。但是比较难办的，主要有10个关口：

班子成员调整时，稳定局面讲衔接；
工作重新分工时，着眼全盘除私利；
新职成员上任时，热心扶植促提高；
面临艰巨任务时，争挑重担不退缩；
产生消极苗头时，及时引导去隐患；
出现工作误会时，主动沟通讲互谅；
下属工作掣肘时，严于自责不护短；
遇有严重挫折时，勇于担责不诿过；

他人出现危困时，倾囊相助共忧患；

班子受到表扬时，不争荣誉争贡献。

35. 善于凝聚"一班人"

中层车间、领工区"一班人"团结能不能像"拳头"，直接体现这个车间的份量和作为。如何做到这一点，从大的方面要坚持民主集中制原则，贯彻"双向纳入、共同负责"的领导机制，落实站段主要事项集体决策暂行办法。

在具体操作上，要坚持16个字：集体决策、合作共事、讲究原则、宽容待人。从集体决策方面讲，应严格决策步骤：第一步是出安民告示，让大家预先思考，准备意见，不搞临时动议。第二步，有关人员搞好调查，起码拿出两个以上方案准备筛选。为什么？有句名言：当你只有一个点子时，这个点子再危险不过了。一个点子无退路，无选择的余地，没法比较。点子是绝路时就全砸了。"什

么叫决策？决策就是在两难之间作出选择”。如何选择？主要是看安全状况、经济效益、社会效益及群众承受能力，利弊得失要反复衡量评估，是有利有害、有利无害、还是有害无利；是否有利于全局有利于整体，对局部有无伤害，如有伤害，会伤害到什么程度，都需要论证后再做决断。第三步，党政正职会前通气，统一意见后拿到会上去。第四步是班子成员民主讨论，集体决策，真正做到情况不明不决策，意见不统一不决策，重大问题不反复讨论不决策。

在合作共事上，应注意“三合”：思想上合心、言论上合拍、工作上合力。特别是讲究感情相通，工作共勉，做到“四不”：谋事不谋人，在理解中共事；补台不拆台，在工作中互补；尽职不专断，在用权中自戒；争胜不争功，在荣誉上谦让。

班子内部互相交往，要想处好关系，首先要心理健康，感情相容，处事有分寸感，尤其要把握好 3 个环节：

一是心理上不设防。有一句老话也可用于班子内部，“常相知不相疑”，消除防御状态，不搞“老死不相往来”。

二是方法不简化。班子内部不是铁板一块，有消极因素也是自然的，但解决方法有讲究，原则和面子要两相顾，原则不失，方法对头；评价班子成员要客观实在，讲长处不掩盖短处，讲问题不以偏概全。特别是批评消极现象，指出不指责，点到为止，不搞追根究底，“一个领导的最大失误就是整天紧盯着下属的失误”。

三是范围上不扩散。有不同意见，该关门讲的不开门讲，该二人议的不上会，能启发自我批评解决的，不公开指责。

36. 周际要和谐

中层要想做到周际关系和谐，一个很重要的方面是搞好协调，搞协调无非是三种情况：一是同级协调，二是向下协调，三是向上也有协调的问题，这个协调就是勤于汇报请示，取得领导支持。搞好协调做到和谐有个核心方法问题，就是以诚相待，与人为善，这个方法是为人处事之宝。以诚相待，就是要开诚布公，就是以心换心，把心亮出来，把自己的情况给人家解释清楚，诚恳地表达合作愿望，不打小算盘，不搞雕虫小技，尤其是干起事来要取信于人，让行动说话，让碰到的大事、难事说话。以诚相待还有一条就是注意替别人着想，与上级交往，首先想一想是否千方百计配合了上级的工作，领导交待的工作干得怎么样，大事小事是不是尽心尽力了；与同级交往，要想想是否配合了人家的工作，打交道时够不够意思，容不容人，难为对方没有；与下级交往，主要看对人家的苦衷理解不理解，为下级排忧解难怎么样，下级积极性全部调动起来没有。

当然，以诚相待不是去做"好好先生"，为搞关系而拉关系，把原则丢在脑后，对工作要求不严，该批评不批评，碰到矛盾也不去解决，只重做人，不重做事，这不是真正的以诚相待，人缘好但不可取，干部群众也不会真正信服。

再说与人为善，与人为善关键是要有个"平常心"，所谓"平常心"也不是对所有人都是一个面孔，"千人一面"，而应根据人的年龄大小、资历深浅、性格脾气来确定不同的侧重点和待人风格。比如讲：对老同志要先敬几分，对同级干部要先让几分，对部属下级要先帮几分，对自己要先严几分。还有一种说法，就是对老同志要敬，对年轻人要亲；对熟悉的同志要严，对生疏的同志要宽；对"响鼓"不要重敲，对"闷鼓"不可轻叩；对经常表扬的要防止"翘尾巴"，对接受了批评的要适当安抚，也就是"打一巴掌要揉三揉"。与人为善，也要做到刚柔相济，因时因事因人而异，把原则性与灵活性统一起来，感情要浓，品位要高，特别是在工作中要做到有了成绩不争功，出了问题不诿过；发生失误不责备，受了委曲不自卑；别人进步不嫉妒；棘手的问题靠前站，敏感的问题多商议。做到了这一点，才能"活血化瘀"，消除内耗，纵贯横通，上下融洽，形成一个好氛围。

37. 横向多通气

中医理论有一句说理很透彻的话：通则不痛，痛则不通。这句话也适合车间班子。过去有一个调查，通过对一些有问题的班子调查分析，结论是影响班子团结的因素是多方面的，但是班子成员通气不够是关键因素。实际上确实如此，同级通气不够，容易产生隔阂，影响单位整体工作效率；上下级通气不够，影响信息上传下达，容易减弱纵向贯通的凝聚力、工作推动力。加强通气，是连结沟通思想的纽带；通气不够，则是影响团结，防碍工作进度的“导火索”。

从通气方式来讲，主要有 5 种：一是事先通气，遇有大事，车间党政正职先碰头交换意见，形成初步共识，然后上会讨论决策；二是事中通气，有些事不大但很急，需当场拍板，来不及通气时，在办事过程中，应尽快找机会通气；三是事后通气，有些事来得急处理得快，处理过程很短，那么事后应互通情况，便于对方心中有数，不能不声不响就过去；四是不断通气，有的工作是系统工程，有阶段性、连续性，工作进展中还会出现新情况、新问题，原有的安排、措施需要调整，这就要求车间正职不断通气、反复通气，也就是通气不是一次性的，该通则通；五是有问题通气，叫互相提醒，也叫“拉拉袖子”，防止工作或别人出大问题。

在横向通气方面有一句话说得很实在：“办公办公，办的是公事，那就需要大家来办”。用一句话来概括，可以说，通气则气顺，气顺则心齐，心齐则事成。确实如此，加强通气不是坏事，起码多个主意、多个力量。特别是遇见难事，工作出了麻烦，有人一块儿做工作，一起担责任，就形成了好环境。互信、平等、坦诚是沟通的基础，这方面不能聪明过度，麻烦事通气，好事不通气，有了成绩自己揽，有了问题推给别人，这是相互处事之大忌。

38. 公开透明乐开怀

从某种意义上讲，透明公开就是民主管理、民主处事。对民主历来有两种态度，一种是民主民主，人民作主，大家的事大家参与办，职工是管理主体，把民主管理当“财富”；一种是民主民主，你是民我是主，独断专行，把民主管理当“摆设”。很显然，后一种态度是不可取的，是错误的。实际上，民主管理的一个重要方面就是透明公开。因为凡是不合理不可行的东西最怕见群众，见阳光。民主管理和遮遮盖盖是完全不同的两种处事方式、处事标准。群众最欢迎前者，最讨厌后者。

那么，怎么才算透明公开呢？主要有3条：

一是所办重要事宜透明公开。重要事项从站段来讲，起码包括“三重一大”；从车间来讲，比如有奖金、劳务费发放办法。这些事还是“七嘴八舌”好，还是让大家参与决策心里底气足。俗话讲：“一个篱笆三个桩，一个好汉三个帮”，“一个人手再大也捂不过天来”，多一个人多一个主意、多一份智慧，一个站段一个车间，重要事宜班子成员多议一议，再有职工“智囊团”当后盾，办事就稳妥得多，牢靠得多。

二是办事程序透明公开。程序是规矩，没规矩不成方圆。什么时候调查研究，什么时候车间主任、支部书记碰头统一意见，什么时候上会，什么时间同职工代表见面，不能随便省略、简化，不能先斩后奏、斩而不奏，不能两个人没碰头就拿到会上去。这些规矩、这些原则是不容许违背的。

三是办事结果透明公开。结果就是形成决议、方案的东西，如奖金、劳务费怎么分的，出租房屋、处理废品的钱如何使用的，房子的“三榜”定案、职工升级结果，都要按规定、程序决策，结果如何给职工代表或职工见面，接受大家监督。这样，民主管理就能落到实处，职工根本利益就能得到维护。

39. 多搞换位思考

大家知道，换位思考就是站在对方的角度，用对方的心理想问题。我们中层干部实际上也很需要掌握换位术。处理事情时，站在“对立”面、涉及面想一想，可能会发现站在自己角度想不到的问题，把问题消灭在计划、措施、方案出台之前，使计划、措施、方案更全面点、更严密点，贯彻更顺畅点。

关于换位思考，主要有换上位、换下位、换同级位3个方面。换上位，就是“假如我是一位领导”，一般是指使自己比原来站得更高些，看得更远些，想得更全面些，理解领导层的良好愿望，增强自己的视野和观察认识问题的层次，取得“会当凌绝顶，一览众山小”

的感觉，明了“不当家不知柴米贵”的处境，这样，自己的思维空间就会增加，跳出一孔之见的狭窄天地，从而改变自己不恰当的要求和期望值，消除不平衡心理。换下位，就是“假如我是一个下级”，其作用点是便于了解下级的困难和苦衷，增加对下属的信任感，把握职工的心理承受力和上级精神接纳量，以反思自己、检点决策，增强工作要求的合理性、可行性。换同级位，就是“假如我是一个同级的协调者”，主要是便于克服本位主义、小团体主义，消除以邻为壑的心理，去掉“同级相轻”的心理，做到主动配合，密切协调，“与人方便，自己方便”。实际上换位思考，是增加沟通体现客观、公正、融洽的一个好方法。正像一句话讲的：“要想公道、打个颠倒；要想顺心，以心换心。”

40. 大度有人缘

大度就是对人要宽宏大量，心胸宽广。大度是一个人的高尚情操，一个志在成就事业的人必须大度、有雅量。在现实生活中，上下级之间，班子内部因工作发生磕磕碰碰在所难免，这就是矛盾的普遍性。世界上没有完全相同的两片树叶，五个指头不一般齐，人与人之间都有差异，双胞胎、孪生兄弟还有区别呢！差异就是不同点，就是矛盾，问题的关键在是否有肚量，学会容人、待人，在实践中能够领悟和把握“一损俱损，一荣俱荣”，“合则力聚、分则力散”的道理。

什么叫本事？最大的本事就是善于同各种风格、性格的人相处，能容人，会补台，补台是锦上添花，是高级泥瓦匠、美容师的角色；拆台不是领导，是“鼓捣”，是背离领导自身职责的小人作为。林则徐有副对联讲：“海纳百川、有容乃大；壁立千仞，无欲则刚。”也就是说，人有大海容纳百川那样的肚量，才能团结人、办成事。那么，怎么才算大度待人呢？

一是克己忍让，宽以处事。在人际交往中，有友情，也会有摩擦；有合作，也会有争执；有理解，也会有误解。忍让是一种消除和减少摩擦的有效办法，它常常能化干戈为玉帛。

清朝中期有个“六尺巷”的故事:说的是当时宰相张英,与一位姓叶的做邻居,两家为争地皮伤了和气,张英的妻子写信给千里之外的张英求助,张英回信讲:“千里家书只为墙,再让三尺又何妨?万里长城今犹在,不见当年秦始皇”。夫人看信后,主动让地三尺。叶家见后也主动让地三尺,形成了六尺的巷道,成了有名的“六尺巷”。事情就是这样,争一争,行不通;让一让,六尺巷。古代的人都能如此,今天同事之间处理小是小非问题,更应以忍让、宽容处事。

在这方面,我们应该做到这样3句话:没事不惹事,有事不攒事,见事会理事。有的车间两个党政正职隔墙如隔山,老死不相往来,很少过话。有一个车间,两个人到段上汇报工作,只讲个人的工作和作为,从不讲对方如何如何不错,我看这方面应该向张英、张英夫人和他那姓叶的邻居学习。

二是容人之过,谅人之短。也就是说“金无足赤,人无完人”,“人非圣贤,孰能无过”。任何人都有优点,也有缺点,不能看到别人有这样那样的缺点,就大惊小怪,揪住不放。容人我看首先应容3种人:能容纳与自己不同性格不同风格的伙计按其性格办事的人;能容纳与自己意见不一致或曾反对过自己的人;能容能用素质比自己强的伙计。在这方面,还应乐于忘记,不计前嫌,对人的过错采取既往不咎的态度,过去的事让它过去,要往前看,不往后看。

三是“大事清楚,小事糊涂”。还有种说法叫大事讲原则,小事讲风格。大事就是原则性的事,要清楚,要坚持,不能含糊,“大度不失度”;小是小非问题,不能太认真,不能斤斤计较,太计较小事就成了“清一色”,过去一句话批评这种现象说“水至清则无鱼,人至察则无己”。

41. 常吃“开胃片”

前边讲过:没事不惹事,有事不攒事,见事会理事。做到不攒事,会理事的一个方法,就是自我消化、内部消化,做到矛盾不上交，分歧不外传，有比较强的“胃肠”消化功能，这是一个领导干部、中层干部有素质的体现。如何自我消化？

(1)要抓小防大，抓早防出。班子成员间共事，要经常检查有无隔心隔阂，下一步有无容易触发争执的敏感点，有无潜在问题，如果有，就坐在一块儿，谈心交心。大事上会，问题上“桌”，沟通上心，防止小事闹大，大事闹僵。就像开车一样，发现刹车不灵，马上停车检修，如果凑合着开，十有八九出问题。这方面，最忌讳当面不讲，背后叽叽咕咕，开会像在“筛子”底上开会，将会上情况透出去，当拨弄是非的小人。

(2)要态度诚恳，语气平和。出现问题不能感情用事；有理不在声高，有理也要让人。要善于在平铺直叙中说出自己的看法，不能在争执中亮出观点，多看共同点，少看不同点，求同存异，留有余地，然后在推心置腹的平静交谈中减少分歧，化解分歧。

(3)要“冷”处理。一旦发生分歧，特别容易激动，这时不应着急统一看法。可以放上一夜或几天，等事过境迁之后，锋芒少了，误解没有了，再交换意见，就容易解决问题。

(4)要谨防小人干预。“苍蝇不叮无缝的蛋”，看到微小的裂缝时，要主动愈合，互相“补缝”，不给苍蝇留有“叮咬”的机会，有关双方应该头脑清醒，找出“震源”。过去有句话讲：“常讲是非话，本是是非人”，这个道理千真万确。作为旁观者，在领导意见不一致时，应当“润滑剂”，从某种程度上起到泥瓦匠的作用，起到润滑、缓冲的作用，主动弥合分歧，不当叮有缝蛋的“苍蝇”，不当“油贩子”从中添油加醋、拨弄是非。

42. 感情交往需适度

上下级关系应该相互尊重，和谐融洽，有可亲可信之感。但这种亲密度要有原则性，要适度，要体现一视同仁、同等相待，做到外不分彼此，内不分亲疏；不能掺合个人因素、个人感情，有冷有热，“一碗水端不平”。

毛泽东同志在战争年代以及建国初期处理得比较好，什么二野、三野、四野的，白区的，还是什么山头的，没远没近，一视同仁，有博大的胸怀。建国后，组阁有 1/3 是民主党派人士，如傅作义、沙千里、章乃器这些人，在各种人士间把握一个平衡度。

西方领导理论中有个“刺猬理论”，是说刺猬冬天彼此将身上的针状刺靠拢防寒，刺和刺之间仍保持着一定的距离。距离太小会刺伤对方，距离太大，又起不到防寒作用。这个理论对我们有一定启示，就是领导之间，上下级之间交往应有一种亲切随和的状态，但又不能忘记自己的角色身份，应把握好自己的言行举止，不能丢弃原则，迎合消极因素，不能被不健康的私人感情所左右。上下级之间要多些“君子之交”，少些“酒肉朋友”，真正做到交往有度，亲而不昵，在下属心目中保持一种可亲可敬的形象。

43. 党群干部如何有所作为

(1)克服优越感，树立服务职工服务一线的意识

一个党群部门工作人员，首先应摆正位置，找准位置。什么位置？对党的方针政策来讲，自己是身体力行者；对中心任务重要工作来讲，自己应是起服务保证作用的；对广大职工来讲，自己是为他们服务的。广大职工是依靠主体，是管理主体。位置应选准，选高了，容易脱离群众，与实际脱节；选低了，又不能起到与职能相一致的作用。看高了，容易飘飘然，产生优越感；看低了，容易产生无所作为的思想，出现自卑感。正确的方法，应是不高看，不低就，客观公允实际。

党群部门是清水“衙门”，不管钱、不管物，职能体现不能靠钱管，不可靠权管，应靠理管。日常靠素质得理，靠作为得位。也就是有了过人的素养，赢得人的信赖支持，有了较大的作为，才能有威信有位置，才能在企业各部门找到说话站脚的地方，才能站稳脚跟。需要什么素质？主要是 5 句话：头脑清醒、光明磊落的政治素养；谦虚谨慎、善于吃苦的工作作风；争先创优、技能过硬的工作风貌；容人容事、以诚相待的处事风格；超前预测、精于谋划的严细

精神。

(2)克服自视清高的思想,树立“大政工”的意识

党群部门不是“小门户”,不能自我封闭,也不能孤芳自赏、自立门户、自视清高,应有长眼光、大视野、宽舞台。一个宣传工作者,应把政治宣传、理论宣传、生产宣传、安全宣传、经营宣传、改革宣传以及党政工团开展各项工作过程中的宣传工作,都看作自身工作的重要内容;作组织工作的,应把自己视做党管干部政策的具体体现者,把所有干部的教育、培养、考察当作自己的任务,把全体党员的思想情况、工作动态、活动状况纳入视野范围;一个工会干部应把发挥工会大学校、大熔炉的作用为己任,着眼全人员、全过程、全天候、全方位,把教育职工、活跃职工、关心体贴职工作为基本职责;共青团组织的干部是青年活动家,担负教育、培养、组织、管理青年的重任,既要了解青工思想、工作、生活特点,又得善于收集、融汇、传递各级组织、各个部门对青年的关怀、嘱托和期望,哪里有青年,触角就应伸向哪里;哪里有人群,就应从哪里获取对青年工作的关注信息。企业党群诸部门中的宣传工作、工会工作的着眼点、落脚点是全员,组织工作、青年工作不是全员,但应从全员那里吸取、把握自身工作的方向、脉络和路数。党群诸部门工作侧重点不同,但互为交叉、渗透,你中有我,我中有你。工作的特点和性质决定了有必要相互间协作、支持、配合,提高工作有效性和整体性,也有必要组织各部门打好团体赛,下好一盘棋。这方面,起码应遵循 4 个原则:

①相互依存的原则。“一损俱损,一荣俱荣”,相互支持,大家受益。

②打团体赛的原则。围绕一个目标,从不同角度开展工作,集中力量,打歼灭战,打友谊赛。“下去一把抓,回来再分家”。

③讲究工作技巧的原则。诸部门是指导部门,不是领导,更要讲艺术,讲技巧,通过工作艺术性打动人、引导人,履行指导部门的职能,起到领导要起的作用。开展工作指导时,不应盛气凌人、居高临下,讲究委婉和气,用相互商量的口气起到指导别人的作用,

让人在不感到受教育时起到被教育的效果。

④强化相互沟通的原则。一个党群干部，时刻应做到手中有情况，眼中有问题，心中有课题，做到腿勤、眼勤、手勤、嘴勤。腿勤就是善于跑，往下跑，互相跑，收集情况，信息共用，取得工作的发言权、指导权，这是本钱；还有就是眼勤，眼观六路，耳听八方，遇事不慌，长于调研，先于预见；手勤，主要是“好记性赶不上赖笔头”，“功在文外”，“读书破万卷，下笔信如神”；嘴勤，勤于对上汇报，对下传达，横向通报，既增加工作沟通，提高了工作效率，也增加了感情交流。

(3)克服松散飘浮的作风，树立严以律己的意识

党群工作，从某种意义上讲是“猴皮筋”式的活，弹性大，有伸缩性，不易量化，良心活的成分比较多。我们干“猴皮筋”式的活，不能有“猴皮筋”的作风，投入“猴皮筋”的力量，必须想实招，用实劲，出实效。以实对虚，越干越实；以虚对虚，越干越虚。做到这一条，必须有一个好的指导思想，有一个踏实务实的工作态度，有一个勇于工作艰苦善于思想艰苦的工作作风。日常严字当头，严于律己，从小事严起，从我严起，于关键时刻见作风，见境界，见素质。

如何考察鉴别党群干部日常工作作风的优劣？主要体现在以下 8 个时候：①有急难险重任务的时候；②在分工明确，但有的工作事务处于结合部，产生份外活的时候；③在领导不在场或没授意但又需要有人出面协调处理的时候；④周围有人提职提级的时候；⑤在需要自己单枪匹马处理一件事的时候；⑥当有评先、升资指标的时候；⑦当自己千方百计为工作为他人着想又不被别人理解的时候；⑧在别人做出突出成绩受到表彰的时候。

这 8 个时候往往能看出一个干部的内在素质和宽大胸怀，到底是高人一筹还是低人一档。一个人在敏感时刻出现情绪波动，心理不平衡是自然的难免的，关键是应超出自我，善待自我。平时思想上产生问题应自我调节自行消化，强化内力的作用，这本身反映了一个人肌体的健全程度，一个人自我完善的能力。“勿以善小而不为”和“勿以恶小而为之”应成为我们立身处世的信条。

(4)克服按部就班的思想，树立争先创优、敢为人先的意识

无论是知识积累还是工作效果的差异“都在业余”；有过人的力度才能有超常的效果。在创造性地开展工作方面，“人无我有，人有我好，人好我优，人优我新”应成为我们的目标。

四、居安思危篇

44. 应懂得安全形势的两面性

安全形势的好坏不是一成不变的，安全形势本身也有两面性。比如讲实现了安全千天，应该说是好事情，是安全形势趋于稳定的一个重要标志，它可以给人们带来激励，鼓舞职工再接再励，力争迈上一个新台阶；但是安全千天实现后也可能导致人们产生自我满足情绪，“飘飘然”，丧失对事故的警觉，忘乎所以，最后酝成祸端。如果安全上发生事故也是同样的道理，它既可以鞭策职工，让大家视事故为“财富”，“摔倒了爬起来”，吸取教训，重整旗鼓，从零起步；也有可能让事故压“倒”了，垂头丧气，畏首畏尾，怨天尤人，一蹶不振，失掉了“举一反三、挫而不折，失而不败、重新再战的勇气”。因此，领导者、管理者应懂得安全上的辩证法，会看待安全形势的波动和变化。领导要善于引导，安全天数长了，当领导的应引导大家懂得“平静的水是最可怕的水”，帮助职工透过平静的“水面”，看到水下的“急流”，看到“波澜”，看到“暗礁”，感受到“平静中有不平静”；透过安全千天的奖牌，看到事故隐患，看到事故苗子，看到频发的“险情”，要警惕自满、麻痹、厌战三种情绪抬头，做防患于未然的工作。比如我们实现了安全千天，形势应该说不错。新的百日应该说势在必夺，但不能说势在能夺。从某种意义上讲，天数越长，难度越大，这个难度一是来自客观环境变化上的难度，二是职工心理障碍的难度。好像爬山一样，一开始坡度平缓，不费劲，越往高处难度越大，多数人在冲顶前折回来，能爬上去的是少数。这是因为相当一部分人面对山巅的险峻，望之兴叹，心力皆失，产生了心理障碍，打了“退堂鼓”，造成中途折返，半途而废。实际上，我们看安全形势往往是从结果上看的，是从问题的暴露点来划分的。问题暴发前，往往是形势大好；问题暴发后，则是形势不好。这应了拿破仑一句话：从成功到失败只有一步之遥，在每一个危机中往往细节决定全局。安全学方面有个失效理论，失效理论讲，一条铁链的强度往往是由最脆弱的链环决定的。安全形势好坏的转化实际上有个从小到大、量变到质变的过程，安全生产上的问题是客观存在的，无时不在，无处不有，你如果小视它、忽视它，只能助长它发展的速度，使它由小到大，由少到多，最后捅“大漏子”、摔“大跟头”。在安全管理上好人主义是“害人主义”，惯性违章是既害人又害己。对待安全隐患的态度像病人得了急性阑尾炎，是打止疼针、消炎针还是开刀，方法不一样，结果也不一样。开刀一时疼一点往往会彻底舒服，遮遮盖盖往往会坏大事。

我们领导者、管理者应该是安全稳定形势的推动者、营造者，时刻注意消除影响安全生产的“痼疾”，领导者、管理者应该像个高明大夫，不要当不负责任的“庸医”，应该视病人为亲人，视安全为生命，时刻关注安全动态，时刻关注“病情”的发展。安全在哪里？安全在心里；生命怎么看？生命诚可贵，生命要珍存。应时刻把安全动态，把人的思想反映纳入视野。比如讲，他长时间不上岗，身

体会不会僵硬不灵便；比如他上班时眼睛红红的、精神不振作，是不是昨晚打了一宿麻将，该不该让他顶岗作业；比如小俩口近期吵架闹矛盾，这个职工会不会带情绪作业；比如这几天作业紧张、施工活多，职工会不会出现要快不要命的问题；比如市场伪劣产品泛滥，会不会影响劳保用具质量；比如一种新牌子劳保用品投入使用，其疲劳试验周期是否需要调整，等等。可见，领导者、管理者如果是个高明的“大夫”，就应该高明在高度负责上，高明在用辩证法分析解决问题上，高明在从严从细上，高明在预测预防上。通过我们的责任心提升职工的安全意识，通过强烈的危机感、忧患感确保职工人身安全，通过我们驾驭安全、驾驭形势的素质来把握安全的主动权，确保安全生产万无一失。

45. 消除落实规章制度的障碍

铁路是个老企业，规章制度作为规范企业有序动作起了不可估量的作用。铁路经过多年的实践形成了系统的规范的安全法规。有安全法规不难，难在落实，贵在落实，难在时时事事处处落实，贵在持之以恒、一以贯之的落实。要解决落实问题，必须把工作定位点放在领导层、决策层、管理层，把着眼点放在干不好怎么办上。从解决干部作风入手，让管理严起来，让奖罚动起来。

现在影响规章落实的障碍主要有三点：一是执法不严。我们的规章就是铁路法规，制定的初衷是想约束违章违纪的行为，如果执法不严就违背了初衷。列宁有一句名言：“一打纲领也比不上一个实实在在的行动”。还有一句话讲：“有法不执行，等于瞎胡弄”。法是准绳，规章也是准绳，准绳没有了，还有什么是非呢？二是罚不及长。意思就是处罚同领导层、管理层挂钩程度不够。大家知道，违章违纪的发生主体是职工，但根源在领导在干部。因为“任何风气的形成是自上而下行为的蔓延。”下边发生问题要从领导身上、干部身上找原因，不仅要追究直接责任，也要追究领导责任。过去有些规章措施落实不够好，罚不及长是一个重要原因。三是一罚了之。职工违章违纪扣钱了事，包保干部发牌完成任务，通知财务一罚款就完事大吉。缺乏人人从严、必须从严的氛围，缺乏有“法”必依、执“法”必严的环境。我们要深化安全管理，就应该强化落实的意识。

克服上述思想障碍，需坚持五个原则：

一是经济手段为主的原则。既要强调三种手段并用，也要突出经济手段。安全上发生问题明码标价，量化处罚，一个标准一个杠，不分亲疏不分远近。

二是从上严起的原则。有关部门要有规定，从领导层、管理层严起，从机关干部严起。检查组没完成任务，不仅要扣检查组，也连挂领导；有关科室没完成任务，要牵扯到主管领导。站段长、党委书记都扣了，副职就没话说；副职因担负领导责任受了罚，包保干部就没话说。罚在了理上，扣到了根上，下边就会心服口服，挨了罚也没有怨言，这本身是对古代所谓“刑不上大夫，礼不下庶人”旧传统的一个否定。

三是有“法”必依的原则。在安全法规面前应该是人人平等的，不能有两套标准，有亲有疏，有远有近。有的时候严，有的时候松；有的事严，有的事松。同样是违章违纪，有时则红牌、黄牌高

举;有的则眼开眼闭,视而不见,“不打勤的,不打懒的,专打不长眼的”,这样大家就会不服气。管理管理,管得在理才是管理。现在,有的职工上班是两种表现,“领导在时标准化,领导不在自由化”,两种表现是错误的,但两种表现也是有原因的,原因就是对有的管理存在两套标准的一个消极对抗。刨树要刨根,根子就是两套标准,两套标准没有了,两种表现就容易减少,就是出现了也容易解决消除它。所以说,有“法”必依是前提,执“法”必严是关键。怎么体现执“法”必严,就是人人严,事事严,时时严,前后一贯,上下一致。

四是量化考核的原则。量化本身是个科学的概念。有的单位规定干部下现场发现违章违纪的数量。对此,有的干部想不通,认为定数量是“错误”的。我认为,当前,违章违纪是客观存在的,是屡见不鲜的,能发现它是正常的,发现不了是责任心、管理业务素质的缺失,是好人主义在作祟。从某种程度上讲,没有量化规定就没有安全。

五是有利管理方便一线的原则。落实安全法规一个很重要的问题是把着眼点搞正确,着眼点就是有利于管理,方便现场,方便一线,不能给班组添负担,不能层层加码。我们规章已经够多了,够细了,不应层层搞什么新招术、新花样,应该考虑怎么抓落实,绝不能借深化管理给班组增加负担,造成班组负担反弹,搞繁琐累赘的形式主义,解决干不好怎么办的问题是我们加强管理的一个突破口,消除推行上的思想障碍是我们的重要入手点。

46. 安全检查不可煮“温吞水”

安全大检查是强化安全管理的重要措施之一,近年来经常被铁路企业采用,确实也为提升人们的安全意识,加强安全生产的管理起到了一定作用。日常安全管理如果经常处在四平八稳、按部就班的过程中,人们会对某些违章违纪现象习以为常、见怪不怪,这时如果缺少安全大检查活动这种载体的外力推动,会很难使安全管理逐步推进;但从另一方面讲,如果安全大检查活动搞多了,搞久了,人们也会产生逆反情绪,出现不深不透,不平衡的问题,出现煮“二锅水”，吃“夹生饭”的现象，有的应付、凑合、敷衍，有的刚下点“雨”，就“马放南山、刀枪入库”。那么，如何抓好安全大检查活动呢？在这方面，应做到 3 条：

一是大题大作。要认清活动的大背景，近年来发生的重大事故往往都是很惨烈的，从原因看，多是违章违纪、管理粗放所致。从事故损失看，多是将人民生命和国家财产付之一炬，十分痛心。在事故处理上，更是十分严厉。如前几年某铁路局发生的大事故，司机、副司机交司法部门追究刑事责任，铁道部处理了十几名领导干部，铁路局也对近 30 名干部给予行政处分。如果说这一事故是损害大动脉畅通的棍子的话，那么被处理者就是“一串糖葫芦”。这些人是责任者、渎职者和害人害已者。既然事故是大事故，那么围绕事故开展的大检查活动就是一篇大文章、大课题，大题要大

作。对此，不可轻视，不可小视，更不能忽视。应该有千军万马搞活动的气势，千辛万苦搞活动的功夫，千方百计深化活动的措施。

二是反思要深思。安全大检查的过程本身是安全管理反思的过程，反思要深思。既然是深思就不是一般化的轻描淡写的思考，它起码应具有3个特点：第一是举一反三。就是对过去发生的每一件违章违纪不能孤立地看，单摆浮搁地查，应该做到搜肠刮肚，“上挂下联”，注意查有关的问题，查相关的隐患，查类似的不标准，多方面地查，翻箱倒柜地找，掰开揉碎地分析。第二是就事论理。就事论理与就事论事明显不同，主要是对检查出的问题进行多方面的深层次地思考，找出深层次的原因，理出深层次的教训。有一句话讲：挫折是一所很好的学校。应该说这所学校一个重要的主课就是挫折理论，它主要引导人们不仅要认清是什么，还要辨清为什么。第三是触类旁通。检查反思出的安全上存在的问题，要全面地看，多角度全方位发展地看，从支离破碎、零打碎敲的偶发因素中，找出规律性的东西，帮助人们掌握规律，运用规律，增强驾驭安全生产的本领。

三是前后一致、上下恒温。安全检查活动是铁路企业的硬任务，是攻坚战，也是持久战，是常抓常新、常盛不衰的话题，不能时抓时停，时抓时放，要克服前紧后松、虎头蛇尾的现象，克服把硬任务当权宜之计的应付心理。从另一个角度讲，要防止两头热中间凉或者上热下冷以及上冷下热的问题，形成温度的均衡传递，做到永恒主题恒温热度。在活动过程中，以上带下，以下促上，强化活动的薄弱环节，抓好问题的整改和管理效果的巩固，“打一仗进一步”，安全工作提升一个档次。

47. 惯性违章要不得

人身安全是个老话题，也是一个沉重的话题，强化自控是个老说法，也有一个带有血腥味的新内涵。说起来很痛心，好像也有一点无奈。我们有些干部对惯性违章眼开眼闭，见怪不怪，只做“好人”，不做“善事”，不善待生命。实际上，好人主义的结果是害人，怕得罪个别人，到头来会得罪大多数人。

从某种意义上讲，在人身安全这个问题上，没有神仙、没有皇帝、没有救世主，只有靠自己救自己。他控是条件，自控是根本，自控重于他控。不能干那种摔倒了换不来明白的事，不能干那种不撞南墙不回头，撞了南墙还不回头的事。如果说走钢丝的杂技演员拿的那根木棒是“生命棒”的话，那么我们的安全帽、安全带、安全环就是生命帽、生命带、生命环，是我们的护身符和保护伞；如果说做高空惊险动作的杂技演员需要有人监护、控制的话，那么，我们的安全包保干部也不能“虚设”，必须履行监控、他控职责，责任不能“悬空”，人员不可空置；如果说职工惯性违章是“自杀”，是“杀人”的话，那么从某种意义上说，干部见惯性违章不管不问就是一种见危不救、遇难不帮，是一种生产作业领域的管理道德低下，是一种管理不作为——渎职现象。这个认识应该是顺理成章的，上升到这个基点来认识并没有什么过份。

可以说，惯性违章和好人主义在有些干部职工中是多发病，是常见病、慢性病，是一种肢体麻木、周身麻痹。民间医学有一句俗语：治疼不治麻，治麻饭碗砸。可见治疗周身麻木症之难。惯性违章是“顽症”，发展下去会导致“绝症”。此病不除可以说是心腹大患、作业大患。开展安全检查活动，应以惯性违章、好人主义为“靶子”，抓典型，讲教训，谈危害，记住历史，“让历史告诉未来”，教育引导干部职工摆病状，查病因，改病态，除病根，帮助干部职工改变那种有病不觉病，有病不当病，有病不治病的状况，做到有病早断，有病早医，有病早除，做到大剂量、下猛“药”、刹“顽症”，既要有“婆婆嘴”，也要有硬手腕，真正把大家动员起来，群防群治，标本兼治，使惯性违章、好人主义没有市场，形不成大气候，不敢露尖冒头。为此，应抓好 3 条：

其一，应有“围歼”意识。惯性违章既然是顽症，说明生命力比较强。要想消除它必须形成一种舆论环境，一种“围歼”的气势。人人动手、人人开口，使惯性违章像过街老鼠，人人喊打，使之难以见天日、难以生存。从广义上讲，就是要主要精力抓安全，让安全第一体现在职责上，体现在精力分配上，体现在主要力量的投入方向上，反映在抓惯性违章的大力度上。我们强调干部主要精力投入方向搞对头，既有时间分配问题，也有工作摆布问题。如果主要精力放在哪里把不住，安全保不住，“砸了锅”，那就不仅是主要精力问题，就是全部精力要投入的问题，就会把我们搞得焦头烂额，什么都顾不上，什么效益、改革、稳定都无从谈起。

其二，要有危机意识。惯性违章存在一天，危机就存在一天。违章不除，段无宁日、人无宁日、铁路无宁日。这方面，我们要有冷静的头脑，有客观分析形势的本事，有常思危困、无事不安的观念。在相对平静的时候，要看到稳中有险，稳中有患，能客观分析惯性违章的实际危害、潜在危害。没有事的时候，心里不安，这叫成熟的领导者、管理者。经验丰富的管理者都明白，平静中往往孕育着波澜、潜藏着旋涡，应善于把昨天的事当今天的事，把小事当大事，把别人的事当自己的事，“拿猫当虎打”，保持一种“三如”状态。

其三，要有纠偏的意识。我们管理干部在安全生产上负有监督检查的责任，是吃反违章、查违章、纠违章这碗饭的，我们吃这碗饭就要干好这个活，不能把自己看轻了、看偏了，自己把自己当摆设。规章有“血性”，我们管理就要有“钢性”，不能站不直，立不住，“一溜歪斜”，应拿出违章必纠、处罚必严的力度来。20 世纪 80 年代，有个铁路单位靠严格管理闻名，第一次“严打”时，该单位有 40 多人被抓，而其他一般大小的单位都有四五百人被抓，原来主要原因是该单位严在先、严在前、严在日常，不是“看着疖子等化脓”，平时就把那些“偷糖砸瓜”的职工给行政处理了，结果挽救了一批人。

从某种意义上讲，铁心肠可以同热心肠划等号，严格管理的铁心肠就是体贴关心职工的热心肠。严管是前提，也是爱心，是更高层次的爱，是隐性的爱；严要严在规定上，严在制度的落实上，明码标价，对号入座，不能瞎严、随便严，严无章法的“人治”不可取。

48. 冷静面对发生的事故

我过去说过一句话：在安全上要没事想事，有事看开事。安全天数长的时候，要杞人忧天，当杞国人，琢磨有一天天会掉下来砸破脑袋。没事找事、找问题，做抓小防大、防患于未然的工作，保持常抓不懈、常抓常新的状态。但是，如果发生了问题，就应该想开事，放宽心，沉着冷静，稳住阵脚，琢磨化被动为主动打翻身仗的办法和路数。有的人一看发生了事故，一味地吃“后悔”药，互相埋怨，这种态度不可取。我们对事故的态度，应该是少出事，不怕事。也就是说，干铁路的没有常胜将军，没有敢拍胸脯的“光棍”，干一辈子铁路最后背二三个处分是常有的事，关键是少出事，少出违章蛮干的事，特别是不出重大大事故。出了事又不能怕事，不能惊慌失措、草木皆兵，必须亡羊补牢，重新振作。要稳住情绪，琢磨如何化险为夷。也就是摔了跟头要买个明白，交了学费要有所收获，要换来教训。出了事，站段不能乱，车间不能乱，既要抓紧恢复，减少损失，使线路尽早恢复畅通，又要稳心稳神，记住“以乱治乱，越治越乱；以稳治乱，越治越稳”的道理。有一句话讲：福无双至，祸不单行。用我们自己的话，叫事故扎堆儿。所以，我们要通过有条不紊的努力，做防止祸不单行的工作，做防止事故扎堆儿的工作。把工作摆布开，不要顾此失彼、丢三落四。出事故的站段或车间在逆境中尤其要保持一个好的状态。

普希金说过：希望和挫折是一对忠实的姐妹。这话说得好，也就是要正确对待挫折，我们不怕摔跟头，就怕摔了跟头爬不起来。在挫折面前应做到挫而不折、失而不败，实际上成功往往是从摔跟头开始的，成功和失败相比较只不过少摔了一次跤。

另外，在逆境中还应做到两条：一是挺直腰杆、振作精神，不要垂头丧气；二是要顾大局、识整体，齐心协力做变坏事为好事、变事故为财富的工作。无论干部还是职工，面对事故，都要从主观上多找原因，不应讲怪话、风凉话，说三道四，拿工作撒气、赌气，做损害企业利益的事。平时工作上的看法，不应随便移花接木，株连牵扯，这时候能否善待他人、善待自己，是对一个人综合素质的检验。如果同别人过不去，实际上就是同企业过不去，同广大干部职工的根本利益过不去，也是同自己过不去。面对伤口，要做抹“红药水”

的工作，不要撒盐；要治外伤，更要治“内伤”，要做“救死扶伤”的工作，不能当局外人，更不能幸灾乐祸、拨弄是非。

我们的企业面临市场竞争的大气候，外部环境严峻，内部创痛尚多，好比行驶在风口浪尖的一条船。每个干部职工应该当扬帆的，当划桨的，船体发生问题，要拾遗补缺，查堵漏洞，而不能拆船板，开倒车，要全船上下风雨同舟，渡过难关，确保大船顺利到达彼岸。面对别人的风险或祸患，要注意借风造势，借题发挥，认清事故是别人的，教训是大家的，用别人教训触动我们的思想，调整我们的管理，改进我们的作风。勇于借别人的镜子，照我们的身子，发现自己的缺陷、短处和不足，通过安全检查活动，整改问题，加强管理，以迎接市场经济的更大风雨。

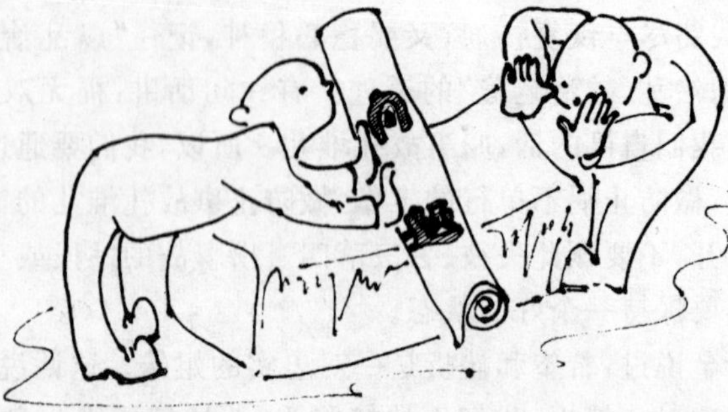

49. 常触摸“伤疤”是好习惯

翻开铁路每个站段的历史，都有不光彩的一页，都有出事故的纪录。过去的事故就是“伤疤”，“伤疤”是耻辱，也是财富。每年凡到“耻辱日”，开个纪念会，引导人们触摸一下“伤疤”，引发一番感慨。这对安全管理只有好处，没有坏处。过去有一句话：“多讲过五关斩六将，少讲走麦城”。还有一句话：打人不打脸，揭人不揭短。但这两句话在安全生产上不能成立，有偏颇之处，必须反其意而用之。

打仗没有常胜将军，干铁路就有发生事故的可能。从某种程

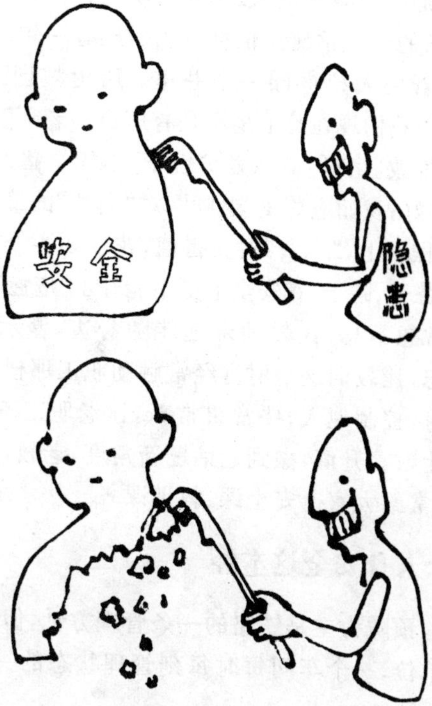

度上讲，大轱辘一转就可能出事故，从全局讲，从长时期讲，发生事故是必然的；从局部讲，从短时间讲，避免事故是可能的。但是发生事故的时间往后多推迟一天，就多一天的成绩。999 天就比 998 天要好，1 001 天就比 1 000 天成绩大，这就是安全的辩证法。懂得了安全的辩证法，就能从容地面对安全，运用驾驭安全规律。掌握安全生产规律的一个重要方面就是运用安全胜负转化理论。这个理论的一个论点就是正视问题，问题是财富；忽视问题，问题变包袱。结合纪念“耻辱日”来说，多讲败走麦城今后会少走麦城，不讲败走麦城就可能多走麦城；讲多了过五关斩六将，就可能过不了关斩不了将。“耻辱日”是历史，忘记了历史，就会重演历史；“耻辱日”是伤疤，经常触摸伤疤，就不会忘记疼痛，忘记安全。伤疤是教训，是确保安全的一笔财富，一笔无形资产。丢掉财富的人是“败家子”，忘记伤疤丢掉教训的人，不是高明的领导者、管理者。有一句话讲：对将来的最佳预测是依据过去。还有一句话：只有又聋又瞎的人才会跟着别人掉进同一个井里。历史教训是镜子，是“老师”，镜子可以照我们现在脸上是不是有斑点，“老师”可以对我们的作业进行指点批改。我们应该爱护镜子，不能学猪八戒，不嫌自己丑，却嫌镜子不好；我们应尊重“老师”，对“老师”的最大尊重体现在对教训的接受程度上，“学费”要交得值，花钱要买个“收效”。我们生理上不愿做聋子、瞎子，在安全上更不能好了“疮疤”忘了疼。

因此，要常想不忘，让教训永远伴随身边，警示职工，鞭策职工；要常讲不忘，让教训这个财富经常触动职工那根安全上的敏感神经，警惕自身，控制他人；要常讲常新，让老职工不忘财富，新职工获得财富，让财富升值，做到老话题新角度，老教训新道理，让过去的“伤疤”经常给大家上安全课、教训课。

50. 常念人身安全这本经

安全第一、预防为主是铁路的一条管理方针，但它又是一个标尺，是对一个单位、一个车间每时每刻管理状态的一个检验、一个折射。

(1)要认清安全一票否决的无情性

对安全第一这个方针，你只要尊重它、服从它，围绕它转，它就会给你戴上稳定的光环；如果你轻视它、忽视它，让它坐第二、第三把交椅，它就不管你安全天数多长，不管你原来做了多少工作，它都要与你过不去，砸你的饭碗子。一个站段出了人身事故，事实上也不能完全抹煞在安全管理上的成绩，不能代表过去没有作过工作。但是有一条，安全不认历史，只重现实，谁在安全上犯糊涂、当儿戏，谁就要受到安全规律的处罚，谁要是想碰碰规章制度，谁就要为安全付出代价，甚至被碰得头破血流。

有人讲，某某系统安全系数大，某某系统安全系数小，实际上这只反映一方面的情况，更重要的是一个站段、一个车间对安全生产的重视程度如何，你重视了，安全系数就大；你不太重视，安全系数就小。矛盾的主要方面在人，在人主观上安全这根弦绷得怎么样。你如果时时处处重视它，它就会把你带进安定的绿洲；你忽视它的存在，不拿“豆包当干粮”，它就会把你推进事故的深渊。有一句话说得好：常思危困必无危。作为一名职工，应该时时想问题，眼中盯问题，用放大镜看问题，任务重不能重于安全，工作忙不能挤掉安全，难度大不能放弃安全。搞铁路在安全上任何时候不能拍胸脯，不能当“马大哈”，应时时找回“如临深渊、如坐针毡、如履薄冰”的感觉，保持一种战战兢兢走钢丝的精神状态。

(2)要认清违章猛于虎的道理

有人讲，规章是鲜血和生命换来的。这话不假。规章确实有“血性”，散发着“血腥气”。但它也有“铁性”，富有铮铮“铁骨”。也就是说，规章制度有客观实在性，没有弹性，不可伸缩，忽略它等于“以卵击石”，落实起来应该一板一眼、一丝不苟。1%的侥幸、应付，都有可能搭上50%的四肢、100%的生命。过去有一篇古文，叫《苛政猛于虎》，说的是古代的中国苛捐杂税厉害，猛过老虎。叫我说“违章猛于虎”。违章比老虎还厉害，它既能自残，又能残人，既能使人伤残四肢，还能夺其生命。老虎吃人还要眨眨眼，违章“吃”人连眼睛都不会眨一下。违章确实是一把看不见的软刀子，是一把在“好”的动机下隐藏的暗刀子。

(3)要弄懂善待生命的安全公式

人的生命不是韭菜，韭菜割了一茬还会长出来。人的生命只有一次，命丢了不会再生；胳膊只有两只，残废了不会再长。作为一名职工，一定要牢记善待生命应是自己的天职，就是自己的天性。如何善待生命，如何保护自身？这里面有两个公式：事故＝违章＋客观条件具备，安全＝意识＋责任心＋机制。违章不一定出事故，但出了事故一定是违章。所以说，保安全一是要懂理，安全第一的道理烂熟于心，第一把交椅的位子不能偏；二是要有心，安全意识不能弱，保安全职责不能丢；三是要有路，抓安全路数要明，规范不能少。

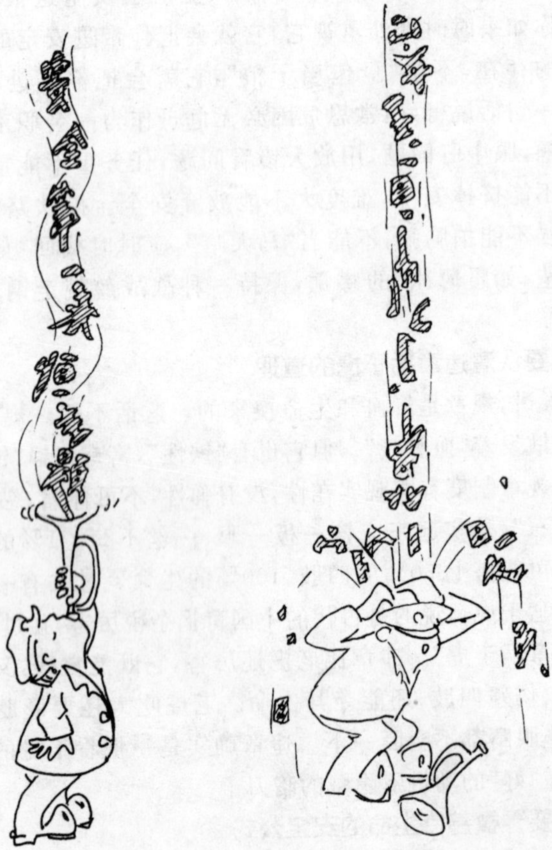

51. 抓安全要有攀登意识

随着安全管理的逐步规范和强化，许多单位不断创新安全纪录，实现了一千天甚至数千天的好成绩。但也确有少数单位功亏一篑，临近百日时砸了“锅”。这说明，开展安全百日活动需要具备攀登意识。

俗话讲：行百里者半九十。也就是说 100 里路走了 90 里算走了一半。说明办一件事，越接近目标，工作难度越大，主客观的干扰因素往往骤然增加，说不准什么时候会跑出几个打劫的、拦路的，出点岔子。这应了老百姓一句话：三十六拜好拜，一哆嗦难。搞安全生产同登山有相似之处。攀登珠峰，往往开始山势比较平缓，但是到后来就有几个坎，特别七八千米的时候就是大坎，山路陡峭，空气稀薄，体力接近极限，“负重爬陡坡”，每前进一步，都要负出极大的努力。

另外，我们在接近目标时，还要接受自身的挑战，就是松劲、自满、麻痹情绪抬头，来自主观的干扰，“自己跟自己过不去”，对这一点尤其不能忽视，应该懂得“处在顺境时的人最难驾驭”，最容易忘乎所以。应该引导人们在面临冲刺之时，“遥望南天门，苦渡十八盘”，既看到希望，又看到难度。古人有一句话说得很贴切：“处非常之时，干非常之事，需非常之力”，认清形势的特殊性、非常性，强化自身的重视程度，把握冲刺工作的重点，选准工作的落脚点，敲准工作的切入点，倒排时间，正排工作量，战略上藐视它，战术上重视它，仗一个个地打，百日一天天地算，多一份不安，增大一份把握，最后通过坚持不懈的努力，把最后“一哆嗦”“哆嗦”好，拿下既定目标。

52. 节日过后上好收心课

我国的传统节日比较多，春节是人们心目中份量较重的一个。到了春节，人们忙活了一年，借春节放假期间松弛一下，探亲防友，旅游观光、聚会娱乐是常情、是民俗。但是从我们铁路来讲，是想过年，怕过年，担心过年把人心搞散了，把安全搞砸了。因此，站段“节前抓安心，节中抓尽心，节后抓收心”的教育，每年都按时列入工作日程。如何开展收心教育？主要是4句话：盯住人，排好活，抓住事，收好心。具体讲，有4条：

(1)收心先从干部收起

干部是决定因素，是收心教育的关键。“一枝不摇，百枝不动”，干部的一言一行对职工影响很大，因此，收心教育要从决定因素抓起。主要需杜绝7种现象：扎堆聊天、东溜西串、晚来早走、应酬不断、包保不到位、工作效率低下、“门难进脸难看事难办”等。引导干部用表率行动为职工带个好头，作出示范。收心先收自己，先收干部，先抓住根本，抓在点上。

(2)收心先从抓落实抓起

收心不能停留在口头上，应反映在行动上，要心中有事，手头有活，工作日程排得满满的。不能设想，一个光喊收心，实际工作中百无聊赖、无所事事的人能真正把心思放在工作上。俗话讲：无事生非。一个心中无工作，心不在肝的人十有八九是个拨弄是非、当和尚不撞钟的“浪荡鬼”。

抓收心首先要按既定部署抓落实。怎么抓？我认为正值新年伊始，首先要细化上级精神，路局有3条，站段有5条，到车间、班组就不只3条、5条，就应分解细化，把原则变成措施，把精神变成办法，看得见，抓得住，有操作性，成为具体的便于落实的推进计划，成为具体事、具体活，有活动，有内容，有标准，有时间要求，有落实人。做到了这一点，就落实了一半。其次，应有小安排。大的东西有了，近期安排也要有，弄个日程表，把工作排满，把时间打紧，不能大概、差不多，不能当“明日先生”。俗话讲：一心不可二用。思想让工作占住了，闲事就少了，问题也就少了。这本身是收心教育的一个决窍，是工作状态从松散转变为紧张的一个关键。

(3)收心要从严“两纪”抓起

收住心的标志是什么？收住心的标志是“两纪”严明。节后往往上上下下都在进行收心教育，但效果往往不尽相同。会有相当一部分车间、班组职工的精神状态不够好，突出表现是疲沓。疲沓原因是什么？主要有两个：一是放假时间长，人们还没有从节日的氛围里脱出来，松弛下来的神经还没有绷紧；二是班组管理还没有到位，紧紧张张抓工作，全心全意保安全的气氛没有形成。因此，抓收心不能一般化，不能停留在口头上，要有的放矢，“拿猫当虎打”，查处节后第一个违章违纪者。我们讲疲沓，到底什么叫疲沓？疲沓也就是惰性，惰性的含义就是对外界固有环境的习惯性淡漠反映而形成的一种固有性格。认为安全年实现了，放假期间又过了个“太平年”，造成头脑麻木、思想麻痹、灵魂麻醉。唯一的办法就是反其道而行之，用气力触动改善外部环境，对职工进行问题刺激、难点刺激、典型刺激，回归正常的生产秩序，紧张的精神状态，真抓实干的工作环境。

(4)收心要从盯问题抓起

抓收心也有得法不得法的问题。如果抓收心从盯问题抓起，就会功到自然收，功到自然成。到底当前有没有问题，我认为问题是客观存在的，“铁路不太平”，这里有个看到和想到的问题，也就是我们一不能视而不见，见怪不怪；二不能粉饰太平，高枕无忧。应该说看到问题是前提，是起码要求，问题是屡见不鲜的，关键是思想要端正，有一双“问题眼”，想到问题是功夫，想到本身是预测预防，春节过后往往面临的是春融，温差大，设备状况变化大，发生故障概率增加，给保安全增加难度。对此，我们要准确把握这个难点，想问题，预防问题，盯住问题，不打无把握之仗，使安全生产立于不败之地。

53. 有三种作风要不得

有一句名言：政治路线确定之后，干部就是决定因素。可见，完成工作任务干部作风是关键，干部作风是保证。从某种意义上讲，干部的言行举止是影响整体工作进展的“牛鼻子”。企业干部的“作风病”种类繁多，有的属于多发病、常见病，病状不重，反复发作；有的属于痼疾和顽症，不易治愈。从现在看，主要有3种不良作风：

一是“算盘子”作风。这种作风的一个主要特点，就是拨拨动动，推推转转；不拨不动，不推不转，缺乏动力，缺乏活力，缺少主动

性、自觉性，饱食终日，无所用心，上班想什么时间来就什么时间来，下班想什么时间走就什么时间走，钱一分不肯少拿，力一点不肯多出。“算盘子”作风一个内在症结就是惰性十足。惰性发生在领导层，就易患“脑血栓”，造成周身血流不畅；发生在中层，就易患“肠硬阻”，两者一个共同后果就是政令不畅、工作不活跃。

据报载：一种“惰性鱼”现象同“算盘子”作风很相似。某种海鱼罐头人们不爱吃，科学家经过研究发现，这种鱼不受欢迎的主要原因是鱼肉不鲜，鱼肉不鲜的症结是这种鱼不爱动。结果科学家通过一种试验，在水中放入一种能驱动这种鱼的生物，让鱼动起来，很快就解决了这种鱼不好吃、顾客不欢迎的问题。我们从中得到启示，鱼要想让顾客欢迎，首先要解决动起来的问题；干部作风要想受到一线职工欢迎，必须克服“算盘子”作风，解决消除惰性的问题。

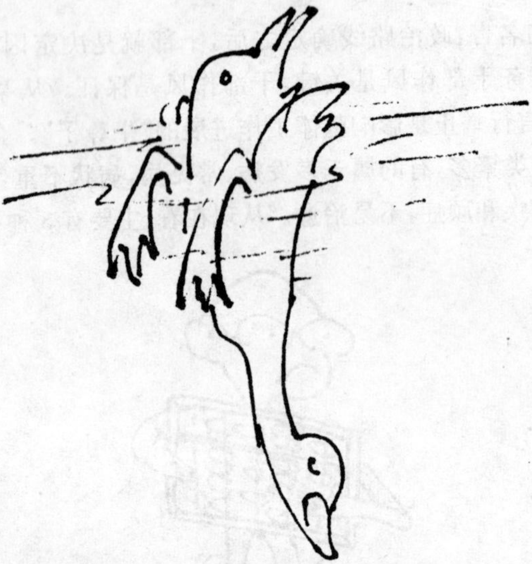

二是“水鸭子”作风。“水鸭子”作风就是浮在表面，蜻蜓点水，“只闻雷声，不见水流”。俗话讲：一个总在房顶上的人发现不了新漏洞。也就是实际的东西，底层的东西，第一手的资料知之不多，实际上也是一种作风不实的表现，本身就是官僚主义。提到官僚主义，想起毛泽东同志在延安时讽刺官僚主义及干部队伍的不良现象时同泥菩萨作对比：“一声不响，二目无光，三餐不食，四肢无力，五官不正，六亲不靠，七窍不通，八面威风，久坐不动，十分不用，除了三餐不食不像以外，其余都像”。“水鸭子”作风就是官僚主义，它确实具有木讷习气，不知群众动态，缺乏群众观点，没有群众感情，不顾群众利益，不管群众冷暖。这种作风实际上一害工作，二害自己，三是损害群众利益。

三是“拖拉机”作风。“拖拉机”作风主要表现是叫得响、走得慢、噪声大、功率低（走的时候噪声大，有时不动也不小）；前大灯只照别人不照自己。我们有的干部确实有“拖拉机”作风，工作雷声大、雨点小或者叫力度不大响声大，甚至出噪声、出杂音，“污染”环境。布置工作后不是积极主动、千方百计抓落实，而是软磨硬抗、拉客观讲条件，经常牢骚满腹、怨声载道，怪话连篇。人们常讲，领导领导，领路引导；干部干部，先行一步。有的干部不是这样，对单位工作，对上级的要求，吹冷风，冒冷气，泼冷水，干拔“气门芯”帮倒忙的活。而且只听表扬话不听批评话，只能哄着、捧着，不可呛着逆着，甚至一触就跳，一批就暴。

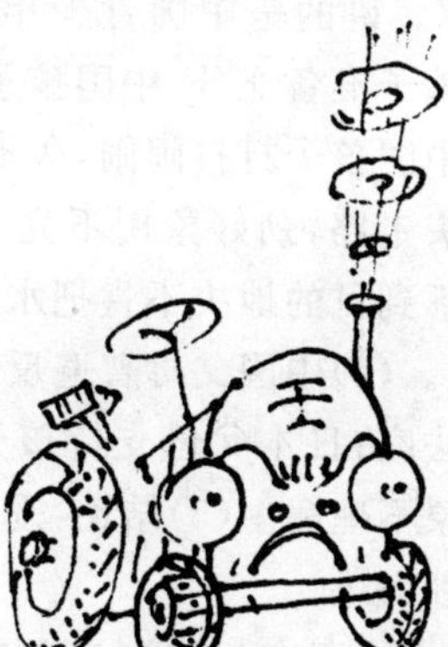

应该说，上述三种作风是干部精神状态的一种病态反映，是一种不正常心理的扭曲喧泄，是违背职业道德的消极行为。这种现

象不仅一般干部有，中层干部有，就是领导层也自觉不自觉地有所反映。消除上述作风，应上下动手，共防共勉。

总之，振奋干部精神，转变工作作风，必须克服“算盘子”作风、“水鸭子”作风、“拖拉机”作风，必须将自己置身于群众之中，与广大职工一起摸爬滚打，扫除迂腐、浮躁之气，使自身作风得到锻造和锤炼。

54. 爱心在严格管理中体现

上面谈到了要克服消除 3 种作风，实际上 3 种作风的核心是标准低、要求松、管理差，突出是一个松字。我曾看到一句话，含义颇深：管理是严肃的爱，培训是最大的福利。还有一句话：给票子不如给素质。由此使我对严格管理有了更深的理解：从严管理是爱在深处，爱在远处，爱在根本上。对一个职工如此，对一个干部如此，对一个企业的风气也是如此。对管理的两种态度往往会带来两种结果。以前，我看《中国青年报》有一篇反映中日青少年活动的文章，题目是：《夏令营的较量》续篇——“千年警世钟”，作者8 年前就写过“较量”，这篇文章主题还与上篇相同：55 年前，我们小米加步枪打败了“武士道精神”；21 世纪我们的一群“小皇帝”，能不能打败“小鬼子”。讲的是中国青少年登山探险活动时的表现：(1)登山前，日本孩子准备充分，中国孩子缺东少西；登山前夜，日本孩子悄然入睡，中国孩子打打闹闹，久不入寝。(2)登山时，日本孩子默不作声，埋头走路，劲好象用不完，中国孩子总想坐下来休息。(3)日本孩子不到目的地决不肯把水喝完，中国孩子多数走到半路早已壶干杯空。(4)中国父母普遍反对孩子探险，一旦发生意外，常把学校告上法庭；日本父母支持孩子探险，发生意外自己负责，对起诉学校现象不理解。(5)结论：爱心能造就未来，也能葬送未来，两种爱心两种命运。

错误的管理教育方式正在加紧制造中国 21 世纪的灾难。对中国“小皇帝”今后能不能打败“小东洋”的问题，有人说，应该画个很大问号。这一说法是不是有些过份暂且不论，单以增强忧患意识、危机感来讲，其内涵不能说没有道理。另外，从我们每年的中考、高考来说，普遍存在着“校内老师考学生，校外太阳烤家长”的现象。到处可以看到，用心良苦的家长扇着扇子，拿着饮料，焦急地等待。我们如果要问，家长能帮多少忙？能帮着答题吗？家长的心情可以理解，可是你面对着的是已经十五六岁、十八九岁的孩子，你的爱是有价值的爱还是溺爱？你拿的是饮料还是“枷锁”？有人看过溥仪先生写的《我的前半生》，里面皇室的孩子多数 10 岁前夭折，究其原因是管理方式不当，“含在嘴里怕化了，捧在手里怕摔着”，放纵的结果是营养失调，甚至缺少营养，以至葬送了生命。

家庭和企业是相通的，正确的管理方式是增长剂，表面爱护实则误导的管理方式是看不见的无形“枷锁”。好比一块铁，要加温就有可能变成钢，如果放在蜜水里就可能变成“锈疙瘩”。有些干部职工长期生活在计划经济体制下，不动脑筋，不费气力，舒服惯了。一旦正规起来，不适应不舒服，对凭本事吃饭靠素质拿钱不习惯，照这样下去，怎么和国际接轨。“花园里驯不了千里马，花盆里长不了万年松”，企业闯市场不能靠保护，不能等天上掉“馅饼”，应唱“国际歌”，没有救世主，不靠神仙、皇帝，要靠自己。形成企业良好风气的主要因素，在领导层、管理层，在于有一个严格管理的机制。一个企业、一个干部都要做“好人”，不敢管，不得罪人，对职工哄着、捧着，最后倒霉的是职工，被市场竞争碰得头破血流，炒了鱿

鱼是职工，那时，企业都垮了，“好人”能好到哪里去？所以，不管事、不严管的好人主义是害人主义、害厂主义。严格管理怎么严？主要是三句话：铁规范、硬考核、高效率。

铁规范，就是凡事讲铁标，“谁来干、怎么干、干到什么程度”，都有个“说法”。说法要说一不二，不可成为随便捏的“面条”，不是可伸可缩的“猴皮筋”。

硬考核，就是解决干好干坏怎么办的问题，解决言出“法”随、执“法”必严的问题。有制度不执行比没有制度更可怕。什么事不能好坏不分，好的要表扬，歪风邪气要处置。有个单位有个不成文的解决“两冒头”的办法：好人好事一冒头就表扬，歪风邪气一冒头就批评。还有个单位是管理严格出了名的，有这样一件事：一个职工由于不满意车间领导的严格管理，偷偷地将车间领导的自行车扔到男厕所后边的粪坑里。单位领导发现后，大张旗鼓地对这名职工进行严肃处理，并表扬那位车间领导，奖励 500 元，还给这个干部买了一辆最好的自行车。由此可见，形成一个严格管理的企业环境很重要。

俗话讲，重赏之下，必有勇夫。还有一句话讲，重罚之下，没有“出头鸟”。这两句话，对建立一个严格考核的管理机制，形成一个良好的企业管理环境，不能说没有一点启示。当然，我们这样讲并不是否认思想教育工作的作用。我赞成一句话：道理是讲给有素质的人听的，“法规”是给不自觉、不守“法”的人定的。硬考核本身就体现了管理的权威性和刚性。硬考核就是要解决“干了不白干，不干不能白不干，干好了不能白干好，干不好不能白干不好”的问题。

高效率，安全、正点是铁路的主要外在特征，其中正点就是效率的别称，而效率又是效益必不可少的前提，铁路是讲究快节奏的，常常不能按部就班，更不能“二锅水”温起来。领导层、管理层也得提倡雷厉风行，注重工作效率、经营效率、管理效率、决策效率。一句话讲：该民主的不民主，是专断，不可取；不该民主的讲民主，是优柔寡断，要不得。议事有个议事范围，范围内的，议而决，决而行。超出范围的要实行逐级负责制，一级检查一级，一级对一级负责。该你干的，你干了，出了毛病，领导可以兜着；该你干的，你不干，光议不抓，光喊不真抓，推推动动，拨拨转转，必须追究责任。

55. 全局是着眼点　一线是落脚点

着眼全局立足一线是老问题，也是新问题；是理论问题，更重要的是实践问题。

开展工作要着眼全局，全局是根本点，是大局，是整体。站在全局看问题、辨方向、理工作才能出高招、出实招、出实效。一句话讲："不谋全局者不足以谋一域"。用老百姓话讲："大事看不透，小事也不会看得开"。大的思路有了，自己这个局部才能在大坐标系里找到位置，找到舞台，才能演威武雄壮的戏，拿出富有特色的精品来。有时局部可能有各种特殊情况，有各种可供申述的理由，这些情况和理由也是客观的，也是能够成立的。但是这些情况和理由放在全局来衡量，往往站不住脚，失掉它原有的根基。一句话讲：大道理管着小道理。就是讲局部工作应从全局出发，放在全局来衡量、来评估。局部的主意再好，招再高放在大系统不合拍，也不算好主意，不算高招，只有局部和全局统一了，才能出成绩、见实效。

对上负责是先导，对下服务是目的，二者是统一的，不能搞颠倒，顾一头丢一头。对上负责是对的，但有个度，不能一切围绕上级转，围绕领导转，一味讲对上负责往往容易失衡，造成工作误导。比如一个单位、一个科室都有搞好工作的愿望，抓工作都想认真一点儿，细致一点儿，但认真细致要适度，对上负责不能过了头，事无巨细都向下边要材料，要汇报，能说清楚的也要书面汇报，能打电话解决的也让人家跑一趟，结果为一线服务变成了为机关服务，造成文牍主义泛滥，形式主义横行，劳民伤财，本末倒置，损人害己，得不偿失，把好经念歪了，贻误工作，损害企业整体利益。

因此，对上负责和对下服务应讲究一致性，保持一致性，把点敲准，把握重心，防止在工作指导思想上出偏差，工作态度上出问题。

56. 竞岗操作要比本事动真格

不少单位都推行了认等竞争上岗的办法，这一办法是促进职工技术业务学习，推动职工整体素质提高的积极措施，是企业改革的大方向、大趋势，也是一个躲不开、绕不过的必由之路。为什么这么讲？大家知道，我们搞的是社会主义市场经济，面临的是竞争的社会，市场经济凭素质吃饭，凭本事拿钱。未来的竞争是素质的竞争，是人才的竞争。市场经济不相信眼泪，不同情弱者，它本身是残酷的、无情的，是优胜劣汰、适者生存，这是大潮流、大趋势。不是一个人愿意不愿意的问题，不是一个企业想搞不想搞的问题。企业早走一步天宽地阔，迟走一步路路不通。

在这方面，一个企业要有灵气，有抢占滩头的意识；一个职工要有灵感，尽早锻造增长自己的才干。实际上，大家只要稍微注意一下，就可以闻到经济全球化剧烈竞争的火药味。随着我国迈入WTO的大门，铁路的垄断地位很快就要动摇，我们铁路的服务能不能与人家竞争，我看谁都不能说清。同国外铁路竞争靠什么？靠企业管理、靠队伍素质，队伍不硬棒，我们企业怎么能站得住脚。我们要加紧培养队伍，强化队伍的个人素质、整体素质，锻造一副“钢筋铁骨”，才能立于不败之地。我们企业认等竞争上岗就是在这个大环境下应运而生的。我们有些职工不理解，有这样那样的议论，概括起来，有这么几种：

其一，“担心较真论”。有的职工讲，我们不搞这种较真的竞争上岗考试行不行？对这一问题应这么理解，上边的精神是打破平均主义、大锅饭，拉开收入差距，择优上岗，优胜劣汰。怎么择优？如果采取让领导点将的方法，谁是高级，谁是中级，谁是初级，谁谁待岗，这个办法可行吗？大家能不能认可，下来的能不能服气。我考虑肯定行不通，唯一的办法就是比划比划，“是骡子是马，拉出来溜溜”，打乒乓球还有擂台赛，足球赛还有甲 A、甲 B 之争。在分数面前人人平等，大家都处在同一个起跑线上，比的是真本事。

值得一提的是个别职工对请外单位参与监考有点想法，认为太严格，不相信职工，不近情理。实际上，竞争上岗考试把好命题关、监考关、阅卷关是平等竞争的关键。我们好多职工的孩子参加过中考、高考，哪一次中考、高考是本学校的老师监考，就是中小学的期中、期末考试班主任监考也是不允许的。原因主要是怕本校老师抹不开情面，失去考试的严肃性，达不到预期目的。许多职工都有“望子成龙”的心理，你们平时是希望孩子拿回来的成绩单，是凭本事考来的 100 分，还是靠打“小抄”抄来的 100 分？大概都是前者，不是后者。实际上企业领导同家长的心情是相同的，家长的出发点是爱孩子不是害孩子；企业领导的出发点也是爱职工不是害职工。糊弄只能糊弄一时不能糊弄一世。我们今后面对的是无情竞争的社会，要靠本事吃饭不是靠糊弄吃饭。

其二，“复习吃力论”。有的职工认为自己年龄大，复习太吃力，记不住。说这话的大多是三、四十岁的职工，这个年龄段同 20 多岁的比较，确实记忆力有差距。但是我们应该看到，各单位开展竞争上岗考试一般包括理论、实作、考核三个方面，而且实作的占比例比较大。年长的职工同年轻职工比，应该说，各有所长，各有优势。年轻人记忆力好，但实作经验不足；年长的记忆力差，理解能力不差，实作上可说是略胜小青年一筹。如果注意扬长避短，还是有优势有长项的。

说句实在话，这些年来相当一部分职工，无论是有组织的学习，还是自学，氛围上不够浓，积极性也差一点儿，干点儿现成活可以，但认真地经常地学点东西没有那个自觉性，惰性多了，思想上有点懒，不够艰苦。俗话说：算盘常拨拉、武术常踢打。而我们有些人动手能力可以，动脑子少，脑子懒。三四十岁不应该说是老职工，为什么记忆力差，一背题就晕，关键是大脑开掘不够。

据报载，事业很有成就，做出重大发明创造的人，死去时大脑的消耗也只达到1/3。发明相对论的天体物理学家爱因斯坦的大脑只开发了17%。当然，我们大脑的智商不能同爱因斯坦相比，但人们大脑都具有巨大潜力这一点是相通的。有一句话讲：在大脑消耗上，你越吝啬，它越有限；你越慷慨，它越富有。脑子越用越灵。有的职工迎考复习时犯晕应该说是好现象、正常现象，说明大脑这个机器开动起来了，这是提高自身素质的前提条件，是参与竞争站稳脚跟的必要过程，这个阶段不可缺少。"万事开头难"，只要我们真正动脑了，增强素质就不难，就大有希望。

其三，"内容不适用论"。复习考试内容的难易程度，同本职业务的相关程度也应正确认识。观察分析的角度、高度应同所考等级的高低相吻合，过高或过低都不合适。特别是高级、中级试题范围，既应是应知必知的内容，也应掌握、了解相关的内容。不能以现在干活用不着，就认为不应学不应考。比如，我们许多职工都上过中学、中专，当时在学校里学过不少公式、原理、定理。现在走上工作岗位后是不是都用得着，恐怕不能说这个话。现在企业里助工考工程师，外语是必考课目，如果讲，我们现在很少同外国公司打交道，很少接触外文资料，考试外语是不是多此一举，我认为，这个话不能讲，应该说，现在用不着可以，但是当前不学不考就不可取；现在用不着，不等于将来用不着。有一句话：书到用时方恨少。还有一句话："零存整取，宽打窄用"，我看就是这个意思。

职工中有各种说法是正常的，关键是领导者如何应对。

第一，正面引导。要让职工认识择优竞争上岗是方向，是大趋势，不以人的意志为转移。不是某个领导心血来潮，也不是权宜之计。"改革不是免费的午餐"，必然要触动方方面面的利益，有阵痛，也可能要伤筋动骨。每一个职工都应认清这个大气候，提高适应能力、承受能力，在改革这个大舞台上站稳脚跟、增长才干，多学点本事。“人叫人动人不动，机制调动积极性”，择优竞争上岗的机制本身会极大地调动人们学技术学业务的积极性，变“要我学”为“我要学”。从另一个角度讲，择优竞争上岗也是一个动态的过程，不是一次定终身，优时上，劣时下，每个职工都随时面临被挑选的机遇，也会遭遇淘汰的危机和可能，必须时时激励自己、鞭策自己。我们可以想一想，孩子在学校考不及格，回家都要挨“剋”，作为职工，不可能考不及格，还能照样多拿钱，能吃到天上掉的“馅饼”。当然，遭遇下岗是我们不愿看到的。不过，考砸了还有下一次，不能“以一时成败论英雄”，经过努力，下次竞争时“又是一条好汉”。

第二，情绪疏导。在新事物面前，出现各种消极情绪是很自然的，关键是提供一个向上的舆论环境，解释好政策，梳理好情绪，不能跟着发牢骚。对素质偏低的职工要做加油鼓劲的工作，对压力过大的职工做减压稳神的工作，提高大家的心理素质，增强承受能力，能够接纳改革风雨的考验。

第三，开好“小灶”。择优上岗办法制定不可能是完美无缺的，它必须根据实际情况确定，不可能“一刀切”、“一锅煮”，什么时间都没有变化。必须根据形势和人的需求，不断修改、完善、调整。车间、班组在帮助职工接受新办法的同时，应抓住症结，解疑释惑，组织素质较低的职工搞培训，吃“偏饭”，给予具体帮助。对可能考不及格的要心中有数，提前下“毛毛雨”；对确实考砸了的，也要做好吸取教训、奋起直追的善后工作，助他们一臂之力。

57. 重在把握当前

日常工作往往会遇到这种现象，有些单位十分热衷于定目标、做规划，一旦目标有了，规划实施了，就认为万事大吉了。抓工作实施不够，不太重视工作督导，忽略抓工作过程中各个环节的实施。实际上目标是过程的归宿，过程是实现目标的途径，二者缺一不可。应该盯住目标，重视过程。特别是我们基层单位，是一个整体的局部，是侧重抓微观的，更应坚持效果管理和过程管理并重、以过程管理为主的原则，把主要力量投入到抓工作实施上来，注意抓好当前，盯住脚下每一步。

有一个寓言：有位西方哲学家无意间在古罗马城的废墟里发现一个"双面神"的神像，这位哲学家虽然学贯中西、学识丰富，但对这个神像很陌生，问："请问尊神，你为什么一个头，两副面孔呢"？两面神说："因为这样才能一面察看过去，吸取教训，一面瞻望未来，增强信心。"哲学家说："可是你为什么不注重最有意义的现在呢？""注意现在？我没考虑"。两面神不知怎么回答。哲学家说："过去是现在的回忆，未来是现在的延续，你如果不重视现在，就是对过去了如指掌，对未来充满信心，又有什么意义呢？"双面神听了号啕大哭起来，原来他就是没有把握住"现在"，罗马城才被攻破，结果自己也被丢在城里的废墟里。

由此可见，"现在"忽视不得。这则寓言寓意很深刻：历史的教训应吸取，镜子要照；长远目标应看到，路要明，但更重要的是把握现在。"千里之行，始于足下"，实现既定目标，要从脚下起步，从零开始，珍惜当前，立足当前，抓紧当前，盯死当前，脚踏实地，一步一个脚印，一步一个台阶地奔向目标。抓好当前，我们需要这种精神。

58. 谋划是有效管理的基石

年终岁尾是工作多、任务重、头绪杂的时候，这时候需要做的一项重要工作就是谋划明年。工作谋划往往既是工作艰苦也是思想艰苦的体现，也是对一个领导干部是否具有领导艺术、统筹意识和弹钢琴技巧的衡量和考验。一句话讲：人无远虑，必有近忧。实际上一个领导干部这个期间远虑和近忧同在。因为远虑就是谋划明年，近忧就是把眼下的事干好。

谈到总结谋划工作的重要性，记得有位诗人说过一句话，他讲：人类历史只不过就三天：昨天、今天和明天。对于昨天经历的

事要总结好，提炼好，变成一笔财富；对于今天，就是要把握现在，抓住当前，一切往前赶，脚踏实地干好既定的工作，把眼皮底下的事干好；对于明天，就要精心谋划、细致描绘，把明天的事构思好、预想好、策划好。这三天用三句话来讲，就是昨天的事不能忘，今天的活不能放，彩排明天的戏好好唱。工作谋划在一部戏剧一个相声小品里面就好像编剧、导演的工作，如果编剧、导演有本事，剧本的结构框架、情节安排、语言运用就有“戏”，观众一看就会觉得有味道，觉得是“情理之中，意料之外”，如果编剧、导演是“二姑眼”、“二把刀”，本来三五集的电视剧搞了30集，啰啰嗦嗦，像旧社会老太太的裹脚布——又臭又长，就是演员再有本事、长相再“靓”也叫不了座。有人讲，一部戏剧、一个相声小品能否成功，编剧、导演占七分，演技占三分，至于摄像、化妆、灯光、道具，基本是熟练工，占的比重较小。我们领导层、管理层在谋划明年这部戏里就是编剧、导演的工作，应该倾尽全力去做，去做好，争取拿编剧的“金鸡奖”，拿导演“百花奖”。

那么，怎么做好总结谋划工作呢？应该说，总结为谋划服务，当年为明年铺路，谋划明年是着眼点、立足点。谋划既要有明年工作的指导思想，也要有总体思路；既要有大的框架，也要有可操作性的措施，有保证实施的小点子。整体上要敲准基本点，考虑连续性，突出创新感，注重讲效益。谋划是领导者、管理者自身综合素质的体现，谋划好了，才能在今后演出维妙维肖、威武雄壮的话剧来。

五、适应调整篇

59. 度过阵痛期

改革本身就是利益调整，会有阵痛，当前就是阵痛期。真正的改革会伤筋动骨。一句老话讲：伤筋动骨一百天。所以要有一个治疗期。

(1)紧急处置期：铁路企业改革重组对于绝大多数人来讲，面临新的选择，有点想法，有点看法是允许的、正常的，也是可以理解的。近年来，国有企业都是在跌跌撞撞、波波折折、摸爬滚打当中过来的。一场大雨溅到身上几个水滴免不了，现在我们处在重组的关键期、处在人生的十字路口、处在漩涡中，中层以上干部处在风口浪尖上，挑战多发，危机尚存，呛几口水是难免的。赵朴初先生有一句话：人生不如意十之八九。就是讲一个人的人生不可能是一帆风顺的、平平坦坦的，有顺流，也有逆境；有挑战，也有机遇。一生干十件大点的事，有八九件可能不太理想，不太顺畅，有点遗憾，费些周折。但波折本身就是财富，逆境本身就是一所学校。崔永元曾对人生作过这样的比喻，他说："人生就像饺子，岁月是皮，经历是馅，酸甜苦辣皆为滋味。"大彻才能大悟，改革年代里一年里所学到的东西，恐怕几年、十几年都不会有这么厚重的经验、经历的累积。对改革趋势、改革方案的接纳，转过弯子起码需要一段时间。

(2)正常治疗期：站段整合一般有两个担心：干部担心位子，职工担心票子，也就是怕改丢了岗位，改少了收入。这方面应做到两讲：一是讲"五湖四海"，站段整合后，首先要接好"骨架"，搭好班子，理好中层，也就是站段大了，要有大站段意识，不能"小打小闹"，有"小家子气"，需抛开小团体利益，去掉落后的农村式"家族"统治、只盯住小山头不放的观念。应登高望远，放眼全段，"求贤若渴"，从角角落落里寻人才、识人才、用人才。有位名人讲，许多大老总没有什么管理秘诀，最大的秘诀是善于把恰当的工作分配给最恰当的人。

某电务段整合时"四合一"，段长、党委书记迈开步子走遍全段，寻方问计，寻才识宝，搞详尽的人才调查研究，结果，从原来其他 3 个电务段中选拔了一批干部充实到新段机关，引起了轰动效应，干部职工很快消除了猜疑、观望心理，稳定了队伍，赢得了人心。由此可见，正确的识人用人是尽快"疗伤"的一个妙招。还要讲有失有得，整合后，可能待遇有变化，可能收入有减少，但毕竟有了一个新环境，舞台大了，视野宽了，机遇增加了；给人们施展才华提供了一个新机会，有人说得好："新环境不可怕，可怕的是过去长期关在小圈子里脱不开旧套路"。站段整合，拆除了旧有的篱笆，人们的工作技巧、管理艺术可以在大范围里搞切磋、搞交流，扬长避短，避免了"近亲繁殖"，管理素质上了新档次。这是赢得了大"得"，从长远看，这比少拿了几十块钱、暂时失掉了一个岗位要合算得多。

(3)营养恢复期：这个时间要长一些，一场大的地震过后会有一系列的余震，地震后施救、疗伤以及恢复元气需要一个过程。这个过程需要营养，需要保健品及各种维生素，这里面，最好的"保健品"就是激励。"对物件，可凭挑剔求完善；对人才，要靠激励求发展"。我们说，向波折挑战需要毅力，向明天挑战需要雄心，人生本是一种命运和自我的抗争。“火山不成林不秀,人生不磨难不杰”,改革可能使我们失去一些东西,但我们增加了经历的丰富和阅历的丰厚,正像一名伟人讲的,非常年代里一个星期学到的东西要比平常几年学到的东西多得多。“碰到波折时,我告诉自己,它里面一定藏了一个宝贝是你看不到的。”

激励,一个很重要的方面就是使人增加勇气、毅力和韧性,要重新振作、善于进取,“落泪莫如攥拳头”。一位西方名人讲过一句话:“人生就好像玩扑克,有时候我们可能没有好牌,有时会出错牌,但下一把我们能够尽力去做,这场游戏就有意义。”改革不是游戏,但有时客观条件不具备,没有好“牌”,我们需要作出牺牲,这是客观因素;有时我们素质不具备,作为欠缺,这是主观因素,但是我们着眼点是今后、是未来,是有所作为,如果我们在改革中确实清醒得快一些,心态调整得快一些,自我定位快一些,重新起步快一些,并且踏踏实实去做好它,我想一定会有一个不错的光景。

60. 郁闷之气不可有

有人讲,变革本身就是一种痛苦,从骨子里讲,人们都熟悉了原有的环境,不希望变革,恐惧变革。但是在这个不变就是坐以待毙的时代,变革才是唯一的思路和选择。也就是说,市场经济中唯一不变的法则,就是“变”。变革,把一些大家熟悉的东西改变了,旧有的思维方式行不通了,人们开始不习惯,结果怨天尤人者,有之;哭天喊地者,有之;捶胸顿足者,有之;夜不能眠者,也有之。共同的病状,就是心中有股郁闷之气。

据说,清末有一农妇,常为自家发生丢瓜少枣失鸡的事郁闷生气,甚至情急之时登屋上房,高声诉说,以惊四邻。事后也常为自己行为后悔,又不得自制,便去找山中一高僧为自己谈禅说道,开胸顺气。

高僧听了她的话,一言不发,将她领到一座禅房中,锁门而去。

农妇气得捶胸顿足,高僧见状,也不予理睬。农妇又哭诉求

助，高僧仍然置之不理。

农妇开始沉默不语，高僧来到门外，问她："你还有气吗？"

农妇说："我是生自己的气，我自己不争气来到这地方活受气。"

"连自己都不原谅的人，心情如何平和？"高僧又拂袖而去。

过了一会儿，高僧又来问她："还生气吗？"

"不生气了，没脾气了。"农妇讲。

“为什么?”

“生气不是办法呀!”

“实际你并没有解除病因,心中还有病根,未再发作,仍属郁闷之气。”高僧又走开了。

过了一会儿,高僧又来到这里,问道:“现在感觉如何?”“我心中没气了,为锁碎之事生气,划不来,不值得。”农妇又突然问道:“大师,气是什么?”

高僧打开门锁,将手中茶水倾洒地上,高声说道:“气是别人吐出来,你却接受的东西,你吞下便会反胃,你不看它时,它如同泼到地上的茶水,自然消散无痕了。”

由此可见,郁闷之气是拿世上的一切变故来惩罚自己的行为,是自寻烦恼,跟自己过不去。

那么,如何消除郁闷之气呢?

这里,有一“药方”,不妨一试:

首先,要认清郁闷之气的弊害。人火气上来时,往往用“手电筒”只照别人,不照自己,怪罪的是对方,失误的是别人,个人不担任何失察之责。实际上,日常人们发脾气、有火气的责任不在对方,不在被发泄对象,一切变故、一切缘由都是万物之象,都是自然正常运行之态,客观因素是正常的,主观情绪是反常的,“怨人不如劝自己”。

第二,改革的年代是万象更新,新事物、新变化、新状态层出不穷的年代。这一时期常常会发生事与愿违,主观想像与客观变故不相一致,甚至完全相反的情况,对此,应该调整的不是别人而是自己,应该设身处地用对方的角度,用他人眼光去认识、辨别刚发生的现象,做到了这一点,郁闷之气就化为乌有了。

第三,要学会互换,学会自戒,保持心理健康。在这方面,我教你唱好两首歌。

一是经过修改的清朝闫敬铭的《不气歌》:他人生气我不气,心中平和是非地,计较太多会生气,气出病来无人替。请来大夫将病医，他说气病治非易。气之为害太可惧，惟恐因病将命弃。我今品尝个中味，不气不气真不气。

第二首是清朝石成全写的《莫恼歌》：莫要恼莫要恼，烦恼之人容易老。世间万事怎能全，可叹痴人愁不了。任何富贵与王侯，年年处处埋荒草。放着快活不会享，何苦自己寻烦恼。莫要恼莫要恼，明白阴阳尚难保，双亲膝下俱承欢，一家大小都和好。粗布衣菜饭饱，这个快活哪里找。富贵荣华眼前花，何苦自己寻烦恼。

还有清人石成全在其《传家宝》里讲过的一句话："身安不如心安，心宽强如屋宽"。应该成为常生郁闷之气者的座右铭，来提升一下自己的心理素质，强化一些个人的承受力、抗震力、免疫力。

郁闷之气不可有，上面两首歌调子低了点儿，但它说明了人生的平实道理。从另外一个重要方面讲，人生确实还需要靠另外"六气"：靠骨气挺直脊梁，靠正气树立形象，靠勇气迎来希望，靠朝气增添力量，靠志气实现理想，靠才气书写华章，靠人气团结兴旺。

61. 挫而不折，失而不败

这些年，人们经常说一些祝福的吉祥话，比如心想事成、万事如意等等，实际上这全是主观意愿，是一厢情愿，是顺情说好话，客观现实往往不会如此美好，失意、碰钉子、撞南墙的事是经常发生的，是客观反映。

应该说，挫折是一瓢冷水，它可以让人们清醒过来，反思过去，正视现在，看到不足；挫折是一面镜子，可以照见主观和客观的差距，拉近二者距离，让主观符合客观；挫折也可以说是鞭策，它让人感到痛处，品味人生，咀嚼酸甜苦辣，培养个人悟性，不断完善自己。

从另一方面讲，我们又不能把挫折看得太重，背上心理"包袱"，让"包袱"把自己压倒了，压趴下了。

据说，从前有一群印第安人被白人追赶，逃到了一片荒地，处境险恶。由于情况危急，酋长把众人集合在一起，开始训话。他讲："现在我必须同大家打个招呼，我们现在面临险境，前有荒地，后有追兵，我们已经无路可走，我这里有一个好消息，也有一个坏消息"。下边马上开始骚动，有些人慌乱起来。酋长说："我先讲坏消息"。众人惴惴不安，静耳细听，惟恐漏掉一句话。酋长接着讲："除了水牛饲料以外，我们已经没有什么可吃的东西了。"下边许多人立刻把心提到嗓子眼，发出无可奈何的唉叹，感到绝望了。这时，酋长把话锋一转，突然抬高声音说："我还有一个好消息，那就是还有几十车水牛饲料。"

这个故事充满了辩证思维，酋长既智慧又幽默，面临困境，泰然自若，挫而不折，失而不败，"置于死地而后生"，他看到的，只有生的希望。应该说，1%的希望，需要做出100%的努力，一个人在失意面前没有绝望，在日常工作中就永远也不会被击垮。事实上，现实生活中，我们的好多次失败，不是败给了别人，而是败给了自己的悲观，败给了不自信。

有个机务段实现安全生产三千天后发生了一件险性事故，结果有的职工唉声叹气，有些人互相埋怨，还有的惋惜被扣了奖金，全段上下被事故的"阴云"笼罩着。这时段党委书记给大家出了个课题：我们还有什么优势和财富？大家回答："全给事故否决了，没有优势、财富可言！""不对。已经实现的三千天就是我们克己制胜的优势、财富和法宝！"党委书记的话稳定了大家的情绪，精神也很快振作了。一年后，该段打了一个安全翻身仗。

有一个叫库特·理希克的博士曾经拿两只老鼠做过一个试验。他用手紧攥住一只老鼠，不管它如何挣扎，博士都不撒手。经过十几分钟的挣扎后，老鼠终于不再反抗，不怎么动弹了。然后，博士又把老鼠放在一个温水池里，它立刻绝望地沉底了，根本没有想通过游泳来求生。博士把另一只老鼠直接放进温水池里，老鼠很快就通过游泳逃脱了。

这项试验说明，凡是自信而不绝望的人，前面总会出现光明。面对挫折，是奋争还是气馁，是成功者与失败者的一个试金石。好像两个同样身患重症的病人，一个豁达乐观，一个过度悲观，生命之神往往会光顾前者而不是后者。你说，这有没有道理?!

62. 机遇偏爱有心人

铁路站段重组，出现了新一轮的人才竞争、岗位竞争，因为“僧多粥少”、“庙”拆了“神”增了，在这场竞争中，适者生存，强者生存，艺大者生存。要让大家杜绝绝望，抛弃自卑，以积极心态面对现实，千方百计地发现机会、创造机会、赢得机会，“可以一时失岗，但绝不可失志”。

据报载，有一个汽车推销员，被招聘时，老板给他一个月的试用期。29 天过去了，最后一天上午下班时，仍然没人订他的车，老板准备炒他“鱿鱼”。这位推销员据理力争，还没有到晚上 12 点，我应该还有机会。

推销员继续坐在车里耐心等待，临近半夜，一个看见车灯光的卖锅者敲开车门问车主，要不要买一口锅。这位推销员问:“如果我买了你一口锅，你下一步怎么打算?”卖锅者说:“卖掉了第一口，就会有第二口。”推销员又问:“全部卖完以后呢?”卖锅者说:“回家再背几十口锅来卖。”推销员继续问道：“如果你的锅越卖越多，路越跑越远，怎么办？”卖锅者说：“那就得考虑买辆车，不过现在我买不起。”两人谈得越来越热乎。等到天亮时，卖锅者订了一部车，提货时间是半年之后，订金是一只锅的钱。

有了第一个订单，推销员的岗位保住了。之后，他一边卖车一边帮卖锅者寻找市场，4 个月后卖锅者提走了第一部车。推销员信心更足了，他相信自己会找到更多的用户。

这个事例很简单，但包涵的道理很深刻，耐人寻味：

其一，推销员是个自信的人。他办事锲而不舍，矢志不渝，本来试用期已满，但他还盯住余下的几小时不放，“一时尚存，不懈努力”，认为剩下的时间一定有商机，态度很执着。应该说，世界上许多不平凡的人物都是专心致志、全力以赴的人，他们有一个必赢必胜的信念，把好多不可能变作可能，把许多近乎绝望的事化作充满希望的事。

其二，推销员长着一个有准备的头脑。“机会偏爱有心人”，本来卖锅同卖汽车是风马牛不相及的两件事，但推销者对卖锅者职业特点进行开掘联想，认为卖锅者四处奔波，商途劳顿有可能具有购买汽车的商机，千方百计地进行了探寻、引导和规劝，最后以灵活的条件拿下订单，赢得了老板的信赖。此事说明，“有志者事竟成”，有信心、有准备才有希望。

此事让我想起美国一位前总统成长经历中一段真实故事：

在 20 世纪美国军队进行一场冬季军事演习，经过几个小时的急行军，团长感到有些口渴，就转头问身边的士兵，有谁带水了。可士兵们忙了半天，只拿出一个个早已冰冻的水壶，里边倒不出一滴水来，士兵们十分难堪。这时一个新排长从他的破帽子里拿出来一只带有体温的水壶，并且从里面倒出了淙淙的细水。团长“咕咚咕咚”喝了两大口，又仔细地看了一眼新排长，脸上露出满意的微笑。

几天以后，演习结束了，这位新排长在别人的一片惊讶声中走进了团机关的大门。这个新排长就是后来的美国总统——艾森豪威尔。

这个故事同汽车推销员的故事有异曲同工之妙。其实，机遇就像一壶水，谁都拥有，可真正能让团长喝到水、抓住机会的，却只有艾森豪威尔一人。有个培育过数位院士的老教授说，这个世界不是有钱人的世界，也不是有权人的世界，它是有心人的世界。

其三，推销员任何时候都不讲“不行”、“不可能”。有一句老话：“没有做不到，只有想不到。”现代京剧《沙家浜》郭建光有一句唱词，大意是胜利存在于再一次的努力之中。实际上，现实生活中许多事情，不是不可能，也不是办不成，关键是你有没有积极的心态，超常的工作力度，知难而进的精神，而不是轻易表达拒绝别人、否定自己的消极态度，提出这也干不了，那也行不通。

某水电段有个叫杨均的宣传干部，不仅工作素质好，组织能力、口头表达能力、文字能力以及摄影、摄像技能样样精通，而且工作热心、勤奋，领导交办的活从不说半个“不”字，其他部门的份外活，结合部的边缘活，重大活动的协作活，都会主动插一手，人们都说他是“党政工团的服务员”。领导也讲，给杨均交代任务，从没有拉客观、讲条件的时候。

由此可见，大部分领导是以你对工作的接受态度来评价你的表现的，所以应该尽力去做，而不是急着去说“不”，应该说：“好，我会尽力完成。”接下来就是全身心地投入工作，想方设法完成任务。如果工作接受起来确实困难，也不要先用“不”字回绝领导，而应该先把任务承担下来，然后同领导探讨完成任务的方法途径，通过探讨沟通让领导切实感到任务完成过程中存在着难点，条件尚不具备，使领导自己修改原有的思路，调整目标值和工作量，然后自己再把接受的任务干得更漂亮些，更圆满些。

也就是说，赢得成功不仅要超越别人，重要的还要超越自己，安于现状、四平八稳不会成为真正意义上的成功者。敢于挑战自己，勇于战胜自我的人是值得尊敬的，值得信赖的。当成功成为一种习惯，成为催发自己动力的因素，战胜自己也就成为一种必然。

当然，成功也要讲方法，讲千方百计，态度要坚定，技巧要灵活，说话要委婉，让自己的信心、热心、细心求得别人的理解、谅解和支持，既要登上成功的制高点，也要赢得一个好人缘。

63. 天无绝人之路

铁路生产力布局调整，是“一石激起千层浪”，有人忿忿不平，怀揣一肚子委曲；有人思想消极，一时萎靡不振；有的甚至认为断了生路，瞻望前景“不寒而栗”。这些现象十分熟悉，十分自然，也不难理解。但仔细一想，今后情况真会“糟糕”得没有出路吗？实际也不尽然。

有一个名人讲过：这个世界压根儿就没有死胡同，所有的死胡同都可以通过跳墙的方式走过。有道是“山路十八弯”，有足够的洞察力就能穿越山谷。写到这里，想起古代一个故事：

古代北方有一个开梳子店的老板，有一天把伙计们召集在一起，让大家开辟新的梳子销售市场，然后让大家讲出自己计划去的地方。有的提出要去城中闹市，有的讲要去山间村落，也有的说要去织布卖布的妇人堆里，只有一个小伙计沉默不语。

老板见状，向他发问道："小伙计，你想去哪儿？"

小伙计回答道："好地方都让他们挑去了，那我去寺庙吧！"

结果，引来一片轰然大笑，伙计们笑他太"痴"，脑筋缺根弦，寺庙的和尚头无顶发，怎会需用梳子呢！

一日，小伙计来到一座著名的寺庙，见到方丈说："我来此地推销木梳，想与师父面谈。"

方丈回答："此为佛教圣地，僧众并不需要此物。"说完后就要驱赶小伙计。

小伙计不慌不忙地说："贵佛门是佛教圣地，到此进香拜佛者终日不绝。但这些进香之人长途跋涉到此时，已满面灰尘，鬓发不整，如果以此面容进香，是否会有碍佛门颜面。假如寺庙备有少许木梳，岂不善哉！"

方丈听罢，认为言之有理。当即决定购置 10 把木梳。

数月后，卖木梳的小伙计又来到这一寺庙，准备再次兜售，但方丈一直不予理睬。

小伙计灵机一动，高声对方丈说道："师父，最近贵寺庙香火日盛，游客如云。原购木梳已不足以派上用场。如果您购置一批木梳，逐个开光。游客进香后每人购置木梳一把，定会十分欣慰，到那时，您的寺庙定会声名遐迩，佛门之光定会普照大地，游客也会源源不断地蜂拥而至。"

方丈闻之，大喜过望，当即决定，购置 1 000 把木梳。

这是古代的故事，就是现代也有通过寻找时机，开辟一个新天地的事例：

20 世纪 80 年代初，某铁路分局局长，忙中偷闲，回老家探亲。局长家乡是一个革命老区，距革命圣地只有七八十里之遥。当时这里土地贫脊，村民贫穷，温泉水终日漫无目的流淌。

局长见状，灵机一动，突发妙想：如果在此低价购置一块山地，建一疗养院，一可供职工疗养，洗洗温泉澡；二可接待会议，组织培训，吸引外地客源参观革命圣地时住宿；三可开辟多经发展新天地。

局长想到这里，一个发展蓝图油然而生。

回到分局，局长立即召集班子会，述说方案，果断拍板决策。

当然，这个方案一经决断，也引来了不少非议声。

20 多年过去了，老局长早已退休。但他开辟的那个天地，已经发展成一个集会议、培训、娱乐、旅游为一体的服务单位，规模之大、功能之全，令人刮目相看。

每当人们谈及此事，都会称赞当时的老局长及其他领导，深谋远虑，富有眼光，“扔出去一把草，牵回来一头牛”。

读了两个故事，起码有 3 个道理应该弄明白：

(1)“险”境并非绝境。应先评估一下自己的环境，是一个人的问题还是一群人的问题，是形势使然还是个人使然。应该说，“每个好汉面前都有三尺硬地”。环境大体是相同的，但选择各有不同；题目是相同的，但破题之法各有不同。从自身具体处境来看，也是比上不足比下有余，认真想一想，自己的优势还在。表面看，是“山穷水尽”，仔细探索一下，有可能“柳暗花明”。关键应遇“险”生智，自己的长项何在，是人际关系，是学问学识，还是实际经历、专业特长，从长项着眼就能变“险境”为通途。

(2)路是人走出来的。过去北方某省城，很多马路都是死胡同，几任市长上任后，要么熟视无睹，要么一筹莫展。结果，前几年一个新市长上任，大刀阔斧，一下子把许多死胡同都打通了。不少老百姓都称赞说新市长有魄力。很多时候，出路就是一座颤巍巍的吊桥，过不去的原因往往不是能力低下，力量不济，而是面对环境失去了积极的心态，人未上桥便乱了方寸，慌了手脚，表现出种种胆怯和消沉，随即败下阵来。

事实上，山不转，水转；水不转，人转。“上帝关上了这扇窗，必定给你开启另一道门”。到赤脚的部落售鞋，有人认为是缘木求鱼，有人认为是商机无限。积极者迅速行动，消极者静止不动。变革是一场竞赛，我们无法改变它的规则，无力停滞它的运作，但我们可以选择积极的心态，寻觅新的出路，跨出新的脚步。

(3)应该拥有一个会辩证思维的头脑。托利得定理告诉我们：测验一个人的智力是否属于上乘，只要看他脑子里能否同时容纳两种相反的思想，而无碍于其处世行事。两个故事的两个主人翁面对同样的处境，一个认为去庙宇卖木梳是门路不通；另一个以游客为着眼点将大批木梳售给方丈。有的认为贫脊之地，无利用价值可言，有的则通过“扔草牵牛”之利，开拓一个多经商途。同样的事物不同的结论，主人翁的成功关键在于他们能透过现象看本质，懂得任何事物都有两面性，能够在日常生活的是非曲直利弊冲突中找到矛盾的主要方面，以此来决定取舍，找出全新的方向标，辟出一条蹊径来。

64. 三个和尚有水吃

俗话说：“一个和尚挑水吃，两个和尚抬水吃，三个和尚没水吃。”讲的是老理，是缺乏管理没有考核的人群里的一种无序状态。时至如今，也仍然存在那种“猴多厮闹，人多死靠，闲得没事搞内耗”的现象。

是不是人多就管理散、劲头差、一盘散沙呢？生产单位经过重组，人多了、事杂了，管理难度大了，是不是也会“没水吃”？

一日，自己偶然发现一篇《三个和尚故事新编》短文，摘录如下：

一寺庙住着几个和尚，由于方丈管理无方，和尚们无所事事，终日院落不扫，法事不做，甚至起床后连被褥也懒得叠，脸也不怎么洗了，寺庙越来越显得破败、冷落。至于水缸更是空空如也，和尚们谁渴了，都是单独行动，往返数里，取一点儿喝一点儿。

愁眉不展的方丈有一天突发奇想：我何不借鉴体育接力比赛的规则，把取水路途划分为若干段，让徒弟们来个挑水接力赛呢！

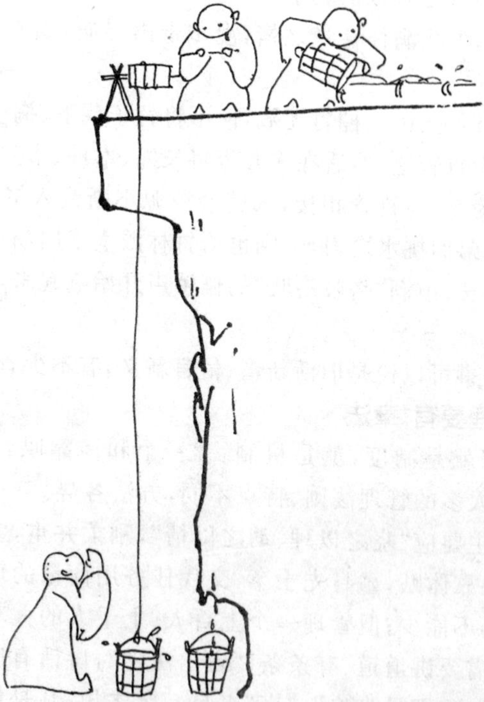

这样既解决了无水可饮的问题，也可以让大家活动一下筋骨，增加一些体力。

方丈将想法同徒弟讲完后，大家响应得不太热烈，但也觉得可以不妨一试。

接力赛开始了，大家尝到了甜头，开始逐渐喜上眉梢。

一日，有个平日较勤奋的大肚皮小和尚，找到方丈，献策说：如果我们不搞接力赛，能不能发给大家一人一个担子，比赛谁挑得多，师父您最后论功行赏呢？

方丈闻之，认为言之有理。随即召集众和尚，宣布说："从明日起，分发每人一副担子，比赛挑水，超过三担者，中午加餐一盘；超过五担者，可享受开小灶的奖赏。

结果，从此庙风大变，不仅平时水缸满满的，就是寺庙内也干净了，和尚们做法事也认真了许多。

数日后，方丈满怀喜悦之情，漫步走出寺庙，望着山上熟悉的竹林静思。

暗自自语道：山上楠竹无数，何不将竹子伐下、掏空，一节节连接起来，成为竹管道，然后在水井旁将长绳、木桶、木井架连接在一起，制成辘轳车，与竹管相接，水就会源源不断流入缸内。一则会省去不少徒弟们挑水之力，二则也给竹林派上了用场。

时间不长，山涧"咯吱咯吱"的辘轳声开始响起来，寺庙内外多了不少生气。

这个故事可以说是旧话新篇、俗言新义，有不少管理内涵：

(1)管理要有"章法"

"章法"就是制度，就是机制。"一个和尚靠哄，一群和尚靠管。"人少、人多的管理法则、特点不同，方法各异。一个科室只有两三个人，主要应"晓之以理、动之以情"，刚柔并重，柔字为先，更多的靠关心靠体贴，靠身先士卒，交代任务用商量的口气，检查工作鼓励表扬不能少；但管理一个上百人、上千人的大车间，情况就不同了，就需要讲道道、有条条，"言出法随"，讲话有底气，有权威性，"一言既出，驷马难追"，"言"来自一定之规，凡是规定内的事，不分男女、不分亲疏、不分尊幼，"丁是丁，卯是卯"，特别是那些安全系数不大，事关敏感、关键的部位、环节和问题，更要立"铁规"，划"红线"，谁犯了规矩，撞了"红线"，就要说叨说叨，讲出一二三，按照规定明码标价，付出代价。尤其对那些工作性质特殊，原来两纪比较松散的单位或车间，更要大刀阔斧，严字当头，"刚"字为先，瞪大眼睛，挺直腰杆，抹开面子，扬起"鞭子"，干点刹风整纪的事，用惩处校正方向。在这方面，对那些敢于严管，不怕得罪人的下属，更要为其作主，为之撑腰打气。

某机务段一个机车队长，严格出了名，外号"铁"队长。一名乘务员工作中经常违章违纪，几次被队长点名"敲打"。这个乘务员心怀不满，发泄私愤，瞅别人不留意时，将队长自行车的车胎给割坏了。

结果,段领导知道后,对这个乘务员严肃处理,责令其大会检查,给队长赔礼道歉,免发3个月奖金。段领导还作出决定,授予这个队长"从严管理的好干部"称号,并敲锣打鼓把喜报送到家。事后,并奖励他一辆市场上最好的自行车。此事,对全段震动很大。

"章法"也体现在"无情的管理,有情的操作"上。还是这个机务段,前些年有个铁路局长在检查工作后评价说:"他们这个段,把'管理是严肃的爱'体现得很充分,不但敢管,而且善管,严中有情,严中有爱,可见管理有艺术,也有科学。"

确实,每当人们去这个段都会发现公告栏里贴着几张处分决定:某某干部擅离职守、不负责任,给予什么处分;某某职工违犯两纪造成事故苗子免发半年奖金等等。可是,全段一旦实现安全生产千天,就要"赦免"一大批,撤销处分,恢复奖金,让不少人轻装上阵。有的职工因严重违犯两纪受到经济处罚,生活出现困难,段工会也会伸出援手,进行人道关怀。这本身就是事之两面,人之两情。有的职工被免发奖金3个月,等到过了2个月,车间、班组发现这个职工吸取教训,表现突出,就会写出鉴定意见,建议提前恢复奖金,段领导会随即"放他一马","网开一面","打一巴掌,给个枣吃",让他既感受到违纪的"酸楚",又尝到遵章的甜头。

(2)领导者应先处理"大石块"

也就是站段领导者、中层领导者要注意抓重点抓大事。这里,有个富有哲理的故事:

一天,时间管理专家为一群行政学院的学生讲课,课中有一个演示让大家耐人寻味。教授拿出一个广口瓶放在书桌上,随后拿来一堆拳头大小的石块,把它们一块块放到瓶子里,直到石块高出瓶口。他问道:"瓶子满了吗?"大家应道:"已经满了"。他反问一句:"真的"?说着,他又从书桌下取出一堆蚕豆大小的小石块,倒了进去,并敲打瓶壁,以填满石块的间隙。"现在瓶子满了吗?"这一下学生有些明白了,"可能还没有"。一位学生应道。"不错"。他伸手又从桌子下拿出一小桶沙子,把它慢慢倒进瓶子,让它填满了石块和蚕豆石间的所有空隙。他又一次抬头问学生:“瓶子满了吗?”“没满!”学生们异口同声地回答。最后,教授又拿出一大碗水倒进瓶子,直到水面与瓶口相一致。

最后,教授望着下边已经是领导者或将要成为领导者的学生们说:“这个例子告诉我们,如果我们不先把大石块放进瓶子里,那么,你将无法把其他东西装进去,瓶子也不能盛如此多的东西”。记住:领导应先去处理“大石块”。

作为一个领导者,应把握主要精力的投入方向,20%的事要管住,80%的事别人会比你管得更好。抓重点,就是“最要紧的事不能受最不要紧的事的摆布。”日常工作的摆布,应善于抓一个盯一个丢一个,最关键最紧要的事要抓住,亲自去安排,花大力气去抓;有些工作要盯死,看结果,要“落地率”;其余的事,要交给放心人去办,不用管他,“用人不疑,疑人不用”,最后听喜讯就是了。

有人说得好,当领导应做好3件事:“出点子,拽绳子,点名字。”所谓“出点子”,就是要有点子,拿主意,把下一个路数敲准。“和尚们”作风涣散,无所事事,相互依赖,方丈就该出面,出个“接力赛”的主意,“是骡子是马,拉出来溜溜”,把偷懒耍滑者降住;光搞“接力赛”也不是事,得有激励,奖勤罚懒,有时主意靠大家出,靠自己“纳”,小和尚的多挑水多加菜的点子不错,采纳后可以给大家提提精神鼓鼓劲。所谓“拽绳子”就是把主要矛盾抓住,“牵一发而动全身”,“牛鼻子”抓在手里,“牛”就会乖乖跟着走,“不待扬鞭自奋蹄”。所谓“点名字”,就是适时搞讲评,工作部署了,检查检查做得怎么样,谁是千方百计,谁是“三心二意”,谁是“一败涂地”,得讲在明处,“当面锣对面鼓”,让好的扬眉吐气,让工作一般的加油用力,让素质“二把刀”的无地自容,让干事“滥竽充数”的吃上一剂“后悔药”。

(3)领导者应有创新意识,善于搞突破

工作不能推着走,满足于老套路、旧章法。老方丈以竹子做原料,制成辘轳车往水缸输送水的方法,就是打破常规,寻求突破,就是创新。改革的年代是日新月异、令人眼花缭乱的时代,不能身子到了21世纪，脑袋还停留在20世纪，不肯扭过头来。搞管理也不能守摊保本过日子，到头来摊守不住，本也会付之东流。唯一的办法是首先创新观念。

台湾作家罗兰说过一句话："人在框框内久了，就成了'囚'，人有时因为环境条件的限制不能离开框框。可是心可以，心在框框外就是'思'。人虽在框内，可以想着窗外的蓝天，只要思想不受到有形框框的限制，仍然可以有无限的想像空间"。因而，我们不能把自己长期囿于框框内，视口为家，为不可冲破的圈子，应善于冲破思想牢笼，冲破人为的藩篱，像获得自由的小鸟，伸开手脚，展开思维的翅膀。观念一变天地宽，思路决定出路，脑筋换了必然会有一个新天地，新机制、新方法、新探索纷至沓来，新收效就会像富有创新头脑的老方丈水缸的水，源源不断，取之不竭，整天满满的。

65. 拨亮一盏灯，照亮一大片

近年来，"稳定压倒一切"成为一个新话题，不少企业也确实出现"鼓包"闹事的苗头，甚至有的地方出现了上访多于信访、群体多于个体、多发超过偶发的趋势，稳定问题提到重要议事日程。

究其原因，无怪乎有3种情况：一是有的企业领导官僚主义严重，思想不敏感，预测预防不到位，有了苗头不究根，"长出嫩芽不掐尖"，工作滞后，造成事态越闹越大，"星火燎原"，难以收拾；二是确有"害群之马"，唯恐天下不乱，不是赖在领导办公室撒泼，干扰领导工作，就是煽风点火，聚众滋事，给领导出难题，找岔子，得寸进尺，提额外要求，成为上访"油子"；三是因调查研究不够，在劳动组织、奖金分配、福利待遇等问题上领导决策失当，引发怨气、纠葛、矛盾，点燃"导火索"，出现群体性的思想问题和"上访"热。

上访确实是伤脑筋的事，特别是群体性的不稳定更是令人头疼，这里，我们抛开前两类情况，单就因管理决策失误引发群体性事件谈点看法。

随着市场经济的确立，企业改革的深化，人们思想越来越带有群体性、功利性，分配领域里思想问题的“多发现象”已成为企业管理领域的一大特征。往往是一招不慎，全盘起“火”；“脑门”一拍，“火气”全来。失策成了“火源”，成了震源。“蜂火”四起、“翻江倒海”是现象，领导层决策时缺根“弦”是根子。那么，怎么避免这种现象呢？

(1)摸准“脉”，让“阳光”普照每一个角落。大家知道，现在企业管理的事很庞杂，企业的领导不好当，千头万绪，日理万机。要知道，日常工作事再多，也要理出“线头”来，把“脉”摸准。一是方针政策的“脉”要清楚，知道趋势，知道限度，知道重点，明白是非利弊；二是职工的“脉”也要清楚，想什么，盼什么，对什么最敏感，期望值有多高，耐受力有多大，临界点在什么位置，都要“整”明白，以便决策考虑到上下左右，角角落落，拍板拍得全面、适当、周全、周密，无遗漏、无缺憾、无失察、无失误，每人头上都能得到“一缕阳光”。

(2)借助“外脑”出点子，“拍板”之前“筛”点子。有一句话讲：谋之在众，断之在独。职工是企业管理的主体，也是深化改革的“外脑”、“点子库”。平时需要通过培训、交流，引导职工知识更新，培育“点子库”，增加库存量。决策前，“投石问路”，开掘“点子库”，让大家群策群力，献出“金点子”。有一个名人说得好：“当你只有一个点子时，这个点子再危险不过了。”因此，当领导的应当意识到，点子越多越好，点子多了，才好筛选、优化，在“点子库”里寻觅，“点石成金”，以提高“采纳率”。

当领导的听取意见前不能先入为主，提前定框框，假模假样地征求意见，拿民主摆样子，而应先出题目，让大家七嘴八舌，畅所欲言，领导最后比较，定夺，以便拿出一个副作用较小、认可度较大的主意。

(3)刨根寻“源”，以便“釜底抽薪”。职工有情绪、有怨气，一般都有缘由，有“起火点”。领导者这时应该扑下身子，刨根问底，把“起火点”找到，才好调整决策，把火气压住。

某供电段十几年前，接触网工收入“一拉平”，没有高低多少的差别。这样办，主要担心“不平衡”，是从“稳定”大局考虑。没想到时间一长，事与愿违，反而出现了不稳定，有些接触网工出工不出力，出力不上杆，甚至有的闹着找领导，想改行当门卫。领导深入班组调查，发现由于建段已十几年，大多数建段时的创业者已有40多岁，年龄趋于“老化”，上网作业力不从心，铁路局短期内又不可能将他们分流，本段辅助车间也吸纳不了这些老“知青”。特别是段上奖金分配几年“一贯制”，收入没拉开档次，就是干辅助工种每月也少拿不了十几块钱。

原因找到了，他们决定用收入杠杆来调节，立即设立接触网工年限津贴，干接触网工满15年的，月增发津贴30元；满20年的，月增发津贴40元。门卫、巡守工等工种与主要工种收入差别小，劳动强度小，技术性差，工作轻松，结果造成有些职工千方百计找门路，想改行的挤“破头”。段领导抓住这些动态，用经济手段引导劳动力流向。以职代会决议的形式调整有关人员的奖金标准，门卫、巡守工月奖金由150元降为120元，大小百日奖也由200元减少为120元。部分职工嫌脏怕累图轻闲的想法被抑制，主业职工队伍也稳定了。

这个段领导层、决策层有高招，招高就高在有了动态的利益分配机制，热点工种减奖金，“冷门”系统加待遇。调控职工思想行为从深化改革着眼，深化改革从具体调控职工思想行为入手，向深化改革要稳定。日常一旦大面积思想问题出现，就应从“源头”抓起，“釜底抽薪”，通过调整管理决策来解决群体性的思想症结。说实在一点，就是“颁布一个令，稳定一伙人”、“拨亮一盏灯、照亮一大片”，以“四两拨千斤”之功，达到对大范围的不稳定因素进行宏观控制和引导的目的。

(4)经营管理“下沉”，让懂下情者“细决”。任何大的方针政策都是根据总体情况定的，面对的是大环境，但要贯彻起来就有个从大到小、由粗到细、由宏观到微观、由一般到个别的过程。这个过程好比漏斗，上面粗下面细，上边涵盖面大，到了底层就要集中要细化了。综观我们常见的发生在经营管理领域里的不稳定因素，有时往往不是领导者的决策有什么失误，而是作为抓“总”的管“面”的领导者不懂管理艺术，不肯授权，上边定了条条，下级没有细化具体化的权利，不好操作。结果，不是无的放矢，就是狗咬刺猬——无处下手。“地大了什么草都长”，如果我们不管什么草，都用一样的除草剂，到头来，要么可能草死了，苗也死了，要么苗死了，草反而在“疯”长。

也有另一种情况，上边定了条条，但车间、科室的管理者，甚至班组长，有懦夫懒汉思想，“灶王爷翻跟头——不离板”，习惯于照抄、照传，当收发室、干转运站，着眼点没有放在“一亩三分地”里，忘记了具体工作环境，没顾及操作条件的差异性，结果，省事省出了乱子，大家闹出一堆意见。

要避免出现上述情况，就应把上边的条条细化，展开一些。可操作、可量化、有侧重点，考虑到方方面面，进行二次分配。平时有个小帐本，张三某日上了几棵杆，干了几钩活；李四某日带病坚持工作，献工两小时；王五某日请事假半天，本周零星假累计13小时，等等，记得清清楚楚，有根有据。月末考核时，拿出日常记录，一是一，二是二，该加分加分，该减分减分，明算账，细考核，然后，将单位发下来的奖金，来个二次分配，张榜公布。让大家明白，奖金多，多在哪里；奖金少，少在什么地方。多得者受到激励，少拿者心服口服，没有怨言。矛盾、纠葛自然就没有啦！不稳定、闹纠纷的苗头就会消化在车间、班组。

(5)减震消“火”，彻底解决问题还得靠3种手段一齐上。企业内部不稳定，分配领域里出岔子占了一大半。但彻底解决这些“祸端”，仅仅靠经济手段调节，来拨“亮”它，还不够，还必须靠行政手段、经济手段、思想教育手段一齐上，既要拨“亮”，还要添“油”，让“灯常明”。3种手段的作用有长有短，行政手段来得快，但有时失之于简单、粗暴；经济手段比较灵，但实施分寸较难把握，搞粗了，不易做到公平、公正，太细了，也容易误导人们斤斤计较，争得脸红脖子粗；思想教育手段，“春风化雨”，悄无声息，潜移默化，丝丝入扣，但真正起作用往往有一个过程。3种手段简单叠加等于3，如果考虑到3种手段没有严格的时空界限,扬长避短,综合发挥它们的作用,其结果就会大于它们的简单叠加。这样,起码能解决企业内部的基本问题。

66. 刚生的孩子不吟诗

改革是个全新的事业,也是一个渐进的过程。这个时期新的东西多,如新观念、新套路、新机制、新途径、新方法、新点子、新产品等等。由于改革是"摸着石头过河",属于探索中的东西往往是不成型、不定型的,因此,也就引发了一种现象:面对改革过程中犹如嫩芽的新事物,有人认为,它不成器,破坏了原来的秩序,不好看、不受用、不习惯,想扼杀它;有的则"恨铁不成钢",想"拔苗助长",尽快催熟它、推广它;有的则倍加呵护,适时"浇水"、"施肥",台风来了,为它挡风遮雨,到了晴天,则搬到室外,让它沐浴阳光。到底如何认识改革中的事物,让我们先读一个事例。

有人曾经把几十盆青松摆在一起,要别人辨别,看看哪些是真松,哪些是假松。有人看了,莫衷一是,人云亦云,说不出个所以然;有的则把枝粗形美叶子鲜亮的挑出来,认为是真松无疑;可是有人很快辨出真假,问起原因,他轻松地说:"这很简单,只要仔细看那枝叶,凡是有小虫眼的,肯定是真松。"这就叫无疵不真,辨物如此,辨人也是这个道理。

识物的标准清楚了,应采取的态度也就不难确定。

(1)看重生命力

鲁迅先生曾说过:"任何天才诞生时的第一声啼哭也不会是一首好诗"。改革中的事物也一样,尽管他们很瘦小,貌不惊人,又是那么弱不禁风,没有施展什么才能,甚至优点同不足相比也占不了多少优势,但这是暂时的,是瞬间的,"幼儿"是应运而生,好比屋檐下不起眼的小草,虽然弱小,但同大环境合拍,变革的风雨是它的"催生剂",充满生机的大地是它的"接生婆",它来的是时候。

“幼儿”弱小是规律，任何事物成长都是从小到大，从弱到强，这属于不可避免的过程。有句名言：“女人是弱者，但母亲是强者”。意思是说女人只是一个女人时，看起来非常孱弱，但当女人成了母亲时，有了养育子女的使命感，马上就变成强者，仿佛变了一个人。

“幼儿”弱小是常态，正如一句话讲的，“发芽的种子破壳的卵，既是死亡也是新生”，宋朝有个叫戴复古的讲：黄金无足色，白玉有微瑕。说明古人对人也并不苛求。到了现代，人们对新事物更加理解，他们认为：最完美的人只存在于悼词里，最完美的产品只存在于广告里。

从发展来看，“幼儿”有着顽强的生命力，鲁迅先生曾说过：“有缺点的战士毕竟是战士，完美的苍蝇不过是苍蝇”。因为是战士，他可以成长，可以壮大，最后成“气候”，这个趋势是不可逆转的。因此，“孩子”得到爱抚，得到谅解是必要的。有智有为、注重培养“幼儿”的领导者会给他们制造条件、环境，全力扶持他们成长；只知守业，目光短视的领导者则只会把他们限制在只可完成眼前任务的工作规范之中。

(2)学会处置法

看待新事物也要讲全面性,也就是"掰清指头",分清九个指头和一个指头的关系,要看主流,看实质,看发展。

一是挑剔情绪不可有。作为企业职工,他们是改革主体,是参与者、推进者。"庄稼是别人的好,孩子是自己的好",哪有当家长的嫌弃自己"孩子"的道理!

二是求全责备不成理。只要主流健康,实质没有错,发展方向没问题,就不应该在进度快慢、成事早晚、缺陷多少上过多的理论,"百炼成钢",哪能一点火就能出"钢锭"!

三是浮躁情绪不足取。改革需要稳扎稳打,"步步为营",打一仗进一步。改革方案出台也需要慎重、稳妥,"小火慢炖",要知道,"心急吃不上热豆腐"。

对改革总体上要支持要拥护,但在具体操作上出了"岔",也应有正确的态度,需要正视问题、认识问题、解决问题。该浇水时浇水,该施肥时施肥,该除虫时除虫,为它的成长提供一个好环境,为它长大成材铺路搭桥,只要我们做到了千方百计、尽心尽力,改革"幼苗"变成参天大树就指日可待了。

(3)讲究渐进性

有一句老话:"一口吃不成胖子,一担挑不走大山"。也就是说,饭要一口口地吃,路要一步步地迈,作为新生事物的改革也需要把握进程,扣住节拍,由近及远,先易后难,"牙齿硬了再去啃骨头"。应该说,新生事物的目标选择、成长轨迹、完善速度,以至成才的水平,大多并不掌握在自己手里,主要受到社会环境合力的作用,其中领导者的作用重大,如何做到营造环境、提供条件、适时扶持,是逐步催熟新生事物的关键所在。

一般来讲,在改革的初始阶段,解决群体性的思想问题时,要超前预测,虚理实讲,起到"一把钥匙打开百把锁"的作用;实现阶段性过渡,着手解决倾向性的思想问题时,应谋划可行的工作思路,筛选稳妥的改革方案,用决策调节情绪;遇到关键性问题时,需增强工作的分寸感、节奏感,工作实施应操之有度,处之有节;改革触动少数职工切身利益时，应轻抚“伤口”，减少“阵痛”，靠真情实感开展工作，让改革政策与职工思想“接轨”，最大限度地理解、消化、吸收改革大势；改革过程中消除偶发性的思想障碍，应群防群治，依靠骨干，强化群众自我教育的力度。

总起来讲，讲究改革渐进性，要扣住职工思想脉搏打，扣住工作发展脉络打，由浅入深，提倡“近台快攻”，不能打外围，不能隔靴搔痒，不能做“夹生饭”。

67. 不让“会哭的孩子有奶吃”

“会哭的孩子有奶吃”，说的是人们常见的一种现象，有的人衣食无忧，却走东串西，逢人便诉“饥饿”之苦，结果骗来同情，赢得关爱，额外之财便纷纷而至，自已却心安理得、乐享其成；有的虽然肌肠臁臁，却不声不响，“咬碎了牙齿往肚里咽”，到头来，却被人抛在脑后，依旧“贫寒交加”。怎样改变这种不正常的现象呢？

其一，“儿科大夫会看孩儿”。如何辨别孩子是否缺“奶”？应该由知情者就近察看，“望闻问切”，看“孩子”哭声是否悲切，是否面露“饥黄”之色，肚子是否在“咕咕叫”，有无食不果“腹”之状，上次喂“奶”是什么时间等等，然后确定对策，对症喂“奶”，也就是视哭声为表象，“会诊”定实情做决断是根本。

其二，“既当慈母，又当严父”。慈母主要是爱抚、是呵护，是常年喂“奶”不止。严父则不同，主要担当育儿之责、管教之任。装哭不但不能给“奶”，还要听“话音”，招来“治哭”之罚；对忍“饥”受寒的，则要问明原因，疏通渠道，安排“偏饭”，适时“加餐”，一碗水端平，体现出公平和公正。一个领导者、管理者，如果把“父母”双亲的特点体现出来，职能就全面了，“孩儿”就会规规矩矩、服服贴贴，“装饿喊饥”的现象就会逐渐减少，以至最后消失。

其三，“围追堵截”用实招。现实生活中，处理这类现象，要有理有力有节，恩威并重，刚柔相济，甚至“一哄二吓三打板儿”，让他“不得烟抽”，成不了“气候”。

(1)让舆论孤立他。无理的东西最怕见阳光，如果我们把他装“事”的行为摆出来，在会议上，在人群里抖搂一下，他往往会“现形”，会“丢人现眼”。因为大家的眼睛是雪亮的，哪个优，哪个劣；哪个真哭，哪个装像，心里最清楚。事实摆在那里，大家心明如镜，是非曲直明明白白，会“哭”的也就哭不出声，会闹的也就失去了市场，因他没有便宜可沾了。

(2)让“渠道”摒弃他。渠道是指上级信访、安监、公法、工会、办公室等部门，他们是上访者的接待部门，有些上访“专业户”经常找他们哭诉“冤屈”，换得额外“救助”。比如某工程段一个曾发生过工伤的职工，本来按照工伤条例，给了他应有待遇，却并不满足，经常找段领导吵闹，以换得特殊“关照”。有一次竟违法砸坏了段机关大门。段领导经过研究，决定给予严肃处理。处理前鉴于他有到局机关造谣生事、无理取闹的先例，先同局有关部门沟通，介绍情况，取得领导部门支持。然后，召开职工大会，大张旗鼓地处理了他。事后，他又跑到局机关哭诉受到“迫害”。结果，碰了一鼻子灰。由此可见，上下沟通互动，共同堵塞寻求“外快”者的“哭诉”之路，不失为一个实招。

(3)让条条拒绝他。制定段规段纪的立足点应清楚明了，那就是维护企业整体利益，维护职工的根本利益和正当权益，保护绝大多数人的工作积极性，使他们的合理需求得到满足。条条应具有伸张正义、鞭挞歪风邪气的特点，让油手好闲、投机取巧的小人害怕它、远离它，从段规段纪里找不到“避风港”，无空子可钻。长此以往，这些人叫天天不灵，叫地地不应，自然也就无计可施了。

68. 穿新鞋走新路

知识更新、观念更新是大事，企业的发展一定程度上取决于学习力的强弱，也就是市场竞争最终还是看学习力，学习力强了就能开辟企业的新天地。

说到知识更新、观念更新，有人立刻想到"按部就班"的学习，"十几个人围一圈，大官小官发发言，记记笔记念念词，余下时间聊聊天"，也就是本学人不学，知识更新成了"扫盲班"。要知道，扫盲班是哪个年月的事?! 建国初期，工人们大都没文化，班组有个高小生，就成了"宝贝"，小先生拿来报纸，一人读大家听，读的人带劲，听的人入耳，真长了不少见识。这是那个时期的产物，作用还不小哩！

可是半个多世纪过去了，我们如果还是沿用那个法，走那个路，掉到误区里脱不出来，别说职工会产生厌倦情绪，单讲成效恐怕也会大打折扣。

第一，把握目的性，把方法搞对头。"学归学、用归用"成了有些单位抓学习的一大弊端，所以，有必要进行学习目的性的再回归、再认识，杜绝虚置、虚化现象，落到它本来的"土地"上。学习型组织倡导者有一句话说得好：学习工作化，工作学习化。他拉紧了学用衔接的主链条，进行零距离接触，二者你中有我，我中有你，把学习的目的性、必要性体现得淋漓尽致。

体现知识更新、观念更新的套路，应该"三条腿"走路：急需的、临时的搞一点儿，日常的、系统的有一点儿，拾遗补缺的来一点儿。"世界上几条腿的凳子最稳当，比较来比较去，恐怕还是三条腿的凳子最牢靠。"学习上的"三条腿"就是"三认准"：即认准规定性要求，把重点内容抓住；认准形势要求，把阶段性动态内容抓住；认准自身需求，业余时间把"补差"性内容抓住。

至于总体框架设计，就应敲在"内容上抓重点讲拓宽，时间上巧摆布不凑天，需求上多服务业余钻"上；至于实施层次，有人总结了 3 句非常形象的话："领导干部早知道，中层干部开'小灶'，一般职工听报告”。

目的性明白了，抓法上有了新套套，实现知识更新、观念更新就有了希望。

第二，着眼点贴在需求上。面对“如饥似渴”的人们，就要给可口的饭菜，爽口的水。不同的地域就有不同的菜系，就有各自不同的客源。知识需求、观念需求也一样，有共性和个性的区别，凡事“一锅煮”、“一刀切”，效果就不会理想。就是规定性的学习内容也应因人而异，大家的理论底子不一样，掌握程度有区别，层次性的标准也要分出高中下，比如领导层精学，中间层普学，职工层粗通。

非规定的东西更应另当别论，不同的短木板有不同的加长尺度，不同质地的木桶更应有不同类别的“补差”质别。读者群千差万别，营养短缺的状况也是一人一个样，操作起来也应该缺铁者补铁、缺锌者补锌、骨质疏松了还应加些钙片。“各取所需”是个路子，是个不能再实在的实招术。

第三，增知识换脑筋也要提品位、唱新本。过去讲“远来的和尚会念经”，这一是指新鲜感；二是指有真经念。如果我们搞讲座请几个有名的教授，给大家补补“差”，传授些新东西，开阔一下视野，不失为好主意。相反，一般化的低档次的学习，不但加不了“油”，充不成“电”，还可能事倍功半，甚至引发厌倦情绪。

有一本书叫《把信送给加西亚》，里面的主人翁罗文对目标抱着初恋般的热情，千方百计去完成它，实现它。因此得到启示，学知识、换脑筋也要抓住吸引力、情趣化这个关键点“说事”，吸引大家眼球，发动大脑这个机器来做“功”，通过聘请会念经的“和尚”，提供新鲜美味的“菜肴”，来改进我们的工作。许多单位已进行了这方面的尝试，收效还不错。

第四，“强扭的瓜不甜”，增知识、换脑筋也应提升自觉性。这个事不能搞形而不学，“赶鸭子上架”，为应付考核摆样子。也不能硬性规定，这个时间必须学什么，要达到什么标准，那个必须写多少字笔记，完成几篇论文、调查报告。自觉性要体现学习的初衷，作为第一步，应该实现规定性向指导性过渡，“多搞自选动作，少搞规定动作”，软硬并重，给点“小自由”；作为第二步，“学什么”、“怎么学”自我选择，杜绝“拉郎配”，管理部门重指导重交流重结果，特别应把引导提升受益人群的自觉性主动性放在第一位，自觉才出真效，主动才有创新，软性约束才是最佳。把握住了这一点，才算达到了增强学习力的“自由王国”，步入了一个新的境界。

69. 紧“烧火”，慢“揭锅”

企业改革的架式怎么拿，改革教育如何搞，改革方案出台过程应注意些什么，等等，确实有不少讲究，有许多学问。如果设一门新课程，叫改革“运筹学”，我看也不算多余。

(1)应该先“拾柴”，通过交流沟通来引导职工接纳改革

说句实在话，职工对企业改革的进程预期结果是不太清楚的。一般来说是想改革，怕下岗；想增效，怕减钱，内心里有一种懵懵懂懂、忐忑不安的心态。面对职工的各种想法、看法和议论，不应大惊小怪，更不能指责埋怨，应以平和的态度，同大家沟通交流，介绍改革，了解期盼，下“毛毛雨”，催生积极因素。

一位理发师傅带了个徒弟，徒弟学过一段时间后开始给顾客服务了。第一个顾客抱怨他，“头发留得过长。”徒弟无言以对，师傅笑着解释，“头发长，使您显得含蓄，这叫深藏不露，很符合您的身份。”顾客听了高兴而去。徒弟给第二个顾客理好发后，顾客照了照镜子说，“头发好像剪得短了点。”徒弟无语，师傅笑答：“头发短，使您显得精神、朴实，让人感到亲切。”顾客听完欣喜而去。遇到第三个顾客，徒弟小心谨慎，不料理完发，顾客一边交钱一边抱怨，“时间花得太长了。”徒弟一脸茫然，师傅忙说：“为‘首脑’多花点时间很有必要，您一定听说过：进门苍头秀士，出门白面书生。”顾客听罢，大笑而去。到第四个顾客时，徒弟在小心谨慎的同时加快了速度。这回顾客摸着头有些疑惑地说，“我好像还没有这么快就理完过头发。”师傅又一次笑着抢答：“如今时间就是金钱。‘顶上功夫’速战速决为您赢得了时间和金钱啊！”顾客欢笑告辞。

晚上，徒弟纳闷地问师傅：“您为什么处处替我说话？”师傅宽厚地说："每个问题都有两面性，我为你说话作用有二：对顾客来说，是为了让顾客高兴；对你而言，既是鼓励又是鞭策。万事开头难。我希望你以后把活做得更好，并注意与顾客交流。"从此以后，徒弟心怀感激刻苦学艺，不仅理发技艺日渐精湛，为人处事也游刃有余，生意红红火火。理发师傅的寥寥数语不仅化解了顾客的抱怨和责难，还由此激发了徒弟钻研技术的潜能，关键就在于他准确地抓住了顾客和徒弟的心理需求，疏通了人际沟通的通道，从而也就抓住了管理的根本。

应该说，理发师的高明之处，就是不管出现什么情况，都是提前有所预测，又能及时"善后"；既能调节顾客心理，又能同大家形成共识。实际上这种沟通调节的过程，就是"拾柴"的过程，就是变"湿柴"为"干柴"的过程，本身就为"烧火"作了充分的准备。

(2)点"几把火"，让温度"窜升"

改革方案出台之前，预作准备很重要，作些准备本身就是"烧火"，通过"烧火"，气憋足了，到那时，方案出台就会顺理成章，结局基本上就会皆大欢喜。这方面，大体有这么几个不成文的步骤环节：

一是集体对话，把大家心态调正。改革初期，职工思想往往很活跃，出现"班上议论班下讲，议论纷纷话短长"的现象。如果我们抓住这一现象，搞个"改革连着你我他"集体对话会，将事先征集的热点问题摆出来，比如围绕待岗职工是不是企业一员、大量减员安全怎么保、改革是不是只对下不对上、竞争不上岗位是否窝囊没面子等话题，干部与职工诚恳对话，恳切交流，台上台下互相提问，共同切磋。

"灯不拨不亮，理不辨不明"，想提的问题提了，想说的话说了，想要的答案有了，职工自然就能把定位搞准确，把心态放端正，取得消气鼓劲明事理的结果。

二是吹点"风"，把承受力调高。改革初始阶段，"天象莫测，啥风都有"，风小了，人们不以为然；风大了，又容易东倒西歪。暖风多了，易忘乎所以，患"热伤风"；西北风频吹，又会"不胜寒意"。实际上，最好是“微风拂面”，“春风化雨”，可以让人事部门传达改革精神，发布改革信息，也可以让劳资部门介绍改革动态，透透改革趋向。当然，“吹”改革风也有个角度问题，有口径把握的技巧，比如将要拍板定案的改革政策讲讲大体的意向；正在探索过程中的东西让人们了解思路；兄弟单位或行业已有的改革做法通报一下动态，引导人们细心观察。几阵风吹下去，人们自然会感受到大环境的温度，大变革前的热度，原来心里打“鼓”的就会心静气爽，心胸闭塞的也会敞开胸襟，吃上一颗“定心丸”。

三是抛个“石头”，听听动静。任何改革方案都有个孕育的过程，没有个三稿、五稿的，是定不了型出不了“笼”的。正式方案出台前，可以搞一下“预演”，“抛砖引玉”，将讨论稿公布于众。“丑媳妇不怕见公婆”，大家可以“横挑鼻子竖挑眼”，七嘴八舌。有点意见不可怕，我们也好知道偏差在什么地方；议论纷纷也不怕，因为可以带出不少“金点子”；就是全盘否定也没啥大不了的，我们可以避免再走弯路。“真金不怕火炼”，除去的是“残渣”，留下的是“纯真度”。搞这么两个来回，大家的共识多了，抗震性、耐受力强了，自然也就会给方案顺利出台铺平了道路。李瑞环同志的话充满了辩证法，他曾说过：“我们有些同志只看到人家决策时的果断，而看不到人家事前所下的功夫；只看到人家处置问题的自如，而看不到人家平日长期的积累。世界上哪有这样的人，张口就说，说了就对；拿来就拍板，拍板就正确。”仔细一想，他批评这种现象确实一言中的。

(3)“打铁还得自身硬”，决策是由领导者综合素养决定的

改革是个大课题，决策是个难课题，是一扇难以开启的大门，但这个大门有个“总开关”，有把“金钥匙”，这就是领导者素养。当前，除了一个领导者应具有强烈的事业心、责任感和敏锐的政治观察力外，还必须具备扎实的调研功，舆论的统御力，成熟的疏导法，公道的处事观和决策调控的缜密可行度。

决策是企业最大的事情。可以说没有人不重视决策，问题往往是怎样进行决策，如何增加有效性、受益面。我们现在有些领导干部以为靠自己的两把“刷子”是可以对付一阵子了，结果亏就吃在这里。这不是说我们企业的领导者、管理者水平不高，“底子”不厚实，而是在市场经济条件下，变革太快了，事情太复杂了，我们已有的领导水平和聪明智慧往往不“赶趟”，应付不了，必须把综合素养“蘸蘸火”，“硬”起来，以适应现实，正确决策。

70. 强者也要“夹尾巴”

一句话讲：尺有所短，寸有所长。是讲素质强的人有不足，能力低下的也有长处，就是看人看事需要辩证法，讲两面性。医学专家讲，人刚生下来时，大脑的原始差别是很小的，但经过后天不同的实践，差距拉大了，有了强弱优劣之分。按理说，这也是正常现象。但关键是长了本事的，素质强的，应该怎么看待自己，怎么善待周边？

据动物学家观察，一个狼群通常有10多个成员，其现成的管理制度是这样的：靠竞争上岗，从中选出一只狼做头狼，然后由头狼对狼群的出猎或分食作出细致的安排；捕到猎物后，头狼先食，其次是身强力壮者，最后是弱小者；一次分食不够，便再次组织进攻，这样，那些没有吃饱的饿狼才会拼命向前。狼群的生存机会就这样最大限度地留给了强者。

从来没有学会细嚼慢咽的狼群似乎永远都处于高度的亢奋状态，它们往往一连几个星期地追踪着一只猎物，步着猎物留下的蛛丝马迹，通力协作，竭力追捕，在运动中寻找战机。但是，战斗力极强的狼群绝不在它们的同类面前争强斗狠。一只狼在争斗中失败，就会立即主动投降，占上风的一方也是见好就收。狼群因此至今没有出现过大的宿怨。它们的尾巴从不像猴子一样卷起，而总是谦虚地垂于后肢之间。

狼作为动物中的强者日常习惯“夹”尾巴，作为有较强素质的人也应该如此。

“**过去强现在不一定强**”，有的强者是老资格、“坐地虎”，在一个地方一呆就是几年、十几年，情况明、熟人多、经验丰富，办事有套路，“姜是老的辣”，所以过去有名气，有威望，“两把刷子挺硬”。

有些领导者、管理者，过去是“小先生”、“小秀才”，是 20 世纪五六十年代的大学生、中专生，“足智多谋”，是管理层的“佼佼者”，经常伴随鲜花和掌声，荣誉和地位也接踵而至。但到了一个新的世纪，突然发现，时过境迁，已有的东西“捉襟见肘”，新遇到的困境，“屡攻不克”，于是开始感悟道：现在“不强”了。

“现在强未必今后强”，每个人的人生都不可能一帆风顺，而是有起也有浮，有得意之时也有失意之日。常言说得好：“十年河东，十年河西”，实际上在市场经济条件下，人们的处境和地位的变化会变得更快，根本用不了 10 年的时间。因为我们面对的环境十分复杂，任务繁重，头绪繁杂，靠强者的素质去“抵挡一气”，也不可能是常“强”不衰的。这是因为，厄运和好运、危机和转机、顺境和困境、鲜花和荆棘，都不是固定不变的，而是随时转化的，客观因素往往左右不了，如果我们主观上再不能善待自己，“恃强逞强”就会“由强趋弱”。

“一事强不一定事事强”，常言道：“十个指头不一般齐”，人的素养也一样，不可能“十八般武艺”，“样样精通”。一事强不一定事事强；一时强不一定时时强；一方面精通，不可能方方面面都精通。增强复合型的素质，做复合型的人才是目标，是倡导，要想达到它，必须“假以时日”。“精一手会两手争当多面手”也是一个号召，就是实现了，也有层次标准高低的区别。

我讲一个许多人都知道的故事：清朝名臣左宗棠喜欢下棋，且棋艺高超，很少碰到对手。一次西征途中，他微服出巡，在兰州街上看到一个摆棋阵的老人，其招牌上醒目地写着几个大字：“天下第一棋手”。他觉得老人实在是过于狂妄，于是立刻上前挑战。没想到，老人不堪一击，连连败北，原来只不过是徒有虚名而已。左宗棠春风得意，命老人赶紧把那块招牌砸了，不得再夜郎自大、丢人现眼！

光阴似箭。当左宗棠平乱回来时，看到老人依然如故，“天下第一棋手”的招牌照旧悬在那里，心里很不高兴，决心狠狠地教训教训这个自不量力的老头子！

左宗棠又跑去和老人下棋，但出乎意料，这次竟被杀得落花流水，三战三败，难有招架之力。他不服，次日再战，结果败得更惨。

他很无奈，惊讶地问老人："为什么在这么短的时间内，你的棋艺竟进步得如此之快？"

老人微笑着回答："大人虽是微服出巡，但我已得知你是左公，而且正在出征，所以存心让你赢，让你信心百倍地去建立大功。如今你已凯旋，我便无所顾忌，也就不必过于谦让了。"左宗棠听后，深感惭愧。

俗话说："满招损，谦受益"。还有一句话讲："骄兵必败"。看来一个人的素质是个变数。谦虚是一种美德，可以使人的才智产生魅力。谦谦之美像块宝石，如果有素养之人拿它来镶嵌自己，就会发出夺目之光。

曾经有个社会学家对监狱的成年犯人做过一项调查，结果，发现这些犯人之所以沦落到监狱里，有90%的人原因是他们自制能力较差，不少人原来表现过人，但因鸡毛蒜皮琐事情绪失控，遭遇牢狱之灾。由此可见，强者也需管住自己，要管住自己，谨慎自制是必不可少的。难怪一个名人曾经讲过这样的话："天欲其亡，必令其狂。"

在20世纪八九十年代，改革汹涌澎湃的时期，我国也出现过不少典型，他们被誉为几大改革强者，这些人敢闯敢干、成效突出，也起到了不少积极作用。但曾几何时，有的便过早凋谢了。究其原因，尽管因素复杂，但有一点是相同的，就是忽略了客观环境，"胃口"过大，恃能"逞强"，结果栽了"跟头"。

强者培养自控能力很重要的一点是形成一个好的自制习惯。习惯的力量是巨大的，也是顽强的。养成一些好的习惯，你就会终身受益，影响到你的事业、仕途，甚至家庭。沉溺于不良习惯不能自控，就会不知不觉地使自己的努力大打折扣，甚至毁于一旦。

所以，如果你能痛下决心，把自己的不良习惯都赶跑的时候，你的自控能力也就具备了，成了名副其实的强者。

你还应切实盯住几点：

①控制对象:你无法选择一起工作的所有对象,但你应明白,"强者失众"是一个误区,你应该诚心诚意地对待他们,不可"恃才傲物",需要随时随地吸取他们的营养,使自己受益,需要经常采纳他们的"金点子"来充实自己。

②控制目标:如果你确定了一个目标,就要坚定不移,不能左顾右盼,不能浅尝辄止,更不能三心二意,让不良习惯所左右,"风光无限好","只是在险峰",不懈的努力是你唯一的选择。

③控制情绪:要知道"认识别人不容易,认识自己更难。不能正确认识自己的人,永远不能认识别人。要想认识别人,最好从认识自己开始"。人有了自知之明,便抓住了自控的关键,才能自我消化,自我调整,自己把握自己。

④控制浮躁:有一句忠告:"一只猫在逮老鼠的时候,如果考虑尾巴怎么摆才漂亮,肯定会失败"。当你工作浮躁时,应提醒自己,要清心寡欲,要清理头脑。告诫自己,尾巴翘高了不好,拿着尾巴作装璜也不可取。双脚应踩到大地上,谨言慎行,实实在在,出实招,说实话,办实事,通过自己的辛勤努力取得大家的认可。

71. 入乡要随俗

一个铁路人,一生中不可能老呆在一个地方。特别是在改革年代里，企业重组、改制的事比较多，职场生涯换几份工作是正常现象。每当遇到这种时候，不少人感情往往很复杂，对原来工作了几年、十几年的单位有一些依恋，产生“亲不亲故乡人”，“谁不说咱家乡好”的感慨。对原单位的一草一木、一砖一瓦都饱含深情，对原单位企业管理的各种章法、为人处事的习惯模式也念念不忘。

实际上，这种心情是自然的，可以理解的。但是这种心情不能久驻，应尽快适应新的环境，转换一下自己的心情，以新的角度审视自己的新单位，自己的新岗位和新的上司。

新的环境和岗位是自己新的起点，你过去不管有多少荣誉、成绩和功劳，它只能说明过去，“世界冠军从领奖台上走下来时，他已不是冠军了，他已走进新的竞争者的行列”。

美国耶鲁大学 300 周年校庆时，全球第二大软件公司“甲骨文”的行政总裁、世界第四富翁艾里森应邀参加典礼。艾里森当着耶鲁大学校长、教师、校友、毕业生的面，说出一番惊世骇俗的言论。他说：“所有哈佛大学、耶鲁大学等名校的师生都自以为是成功者，其实他们全都是失败者，因为他们以在有过比尔·盖茨等优秀学生的大学念书为荣，但比尔·盖茨却并不以在哈佛读过书为荣。”

全场听众目瞪口呆。艾里森接着说：“众多最优秀的人才非但不以哈佛、耶鲁为荣，而且常常坚决地舍弃那种荣耀。世界首富比尔·盖茨，中途从哈佛退学；世界第二富保尔·艾伦，根本就没上过大学；世界第四富，就是我艾里森，被耶鲁大学开除；世界第八富戴尔，只读过一年大学；微软总裁斯蒂夫·鲍尔默在财富榜上大概排在十名开外，他与比尔·盖茨是同学，为什么成就差一些呢？因为他是读了一年研究生后才恋恋不舍地退学的。”

这位校长的话虽然有点偏颇，但包含着一定的道理。确实有些人在一个地方学习、工作长了以后，功成名就以后，或者富有经验，“轻车熟路”之后，会自然而然地产生一种荣耀感，以先进为荣、以高学历为荣，以企业的“顶梁柱”为荣，他不知道，世界的变化是令人眼花缭乱的。昨天的荣光今天可能化为乌有；昨天经验的累积今后可能会变成沉重的包袱。

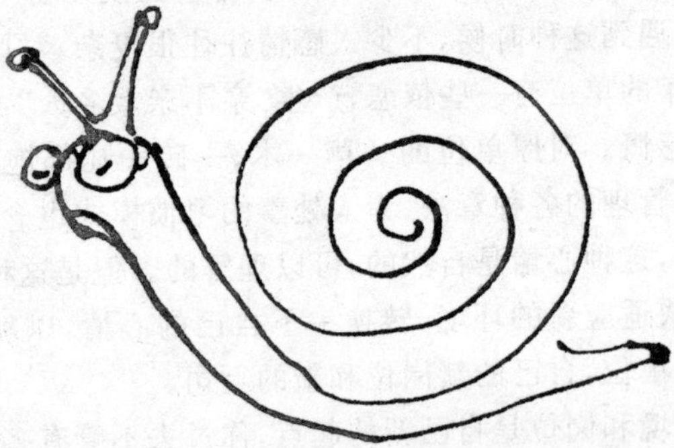

据说有一种小鸟,它飞翔的技能高超,能越洋跨海,飞行数万里。它飞行时只需要一小截树枝,它把树枝叼在嘴里,飞累了,就把树枝扔到水面上,然后停留在树枝上稍作休息。饿了的话,就站在树枝上捕鱼,以填饱肚皮,困了就躺在树枝上睡觉。谁能想到,小鸟飞越大洋,靠的仅仅是一枝短小的树枝。

退一步想,如果小鸟叼的不是树枝,而是把旅途中所需要的食物、鸟窝等物品统统都带上,那小鸟还能实现飞越大洋的理想吗?人生职业转换后的取舍也是这个道理,进入一个新的企业,我们携带的东西不是越多越好,应该有取有舍,把得心应手、精巧"管用"的东西带上。其他的东西,无论是多余的财富,还是多余的知识,甚至"光环",都应像"鸟窝"、"鸟食"一样,毫不吝惜地舍去。

有只狐狸被猎人用夹子夹住了一个爪子,它毫不犹豫地咬断了那只小腿,然后逃掉了。放弃一条腿,而保全了一条性命,这是狐狸的哲学。实际上人也一样,当竞争的环境迫使我们必须付出惨重代价之时,主动舍次求主,趋利避害,不失为最明智的选择。古人讲:"两弊相衡取其轻,两利相权取其重",恐怕说的就是这个道理。

企业重组、改制期间,我们需要放弃的东西很多,局部的东西不适应了,应该放弃;已有的东西,有的不灵了,也应该丢掉。俗话讲:"鱼和熊掌不可兼得"。毛泽东同志说过:"不破不立,不塞不流,不止不行,破字当头,立在其中",都饱含着深刻的哲理。"到什么山上唱什么歌”,“见人不施礼,多走路十里”,走到一个新的环境,要懂得舍弃旧有的东西,“下车施礼”,唱新歌,走新路,迈新步,开辟一个新境界。

72. 命运就在自己手里

市场风云变换,职场“辞旧迎新”是常事,就跟“月有阴晴圆缺,人有悲欢离合”一样,是万物万象,用不着怨天尤人,关键是自己悠着点儿,能正确看待。

(1)要用心找乐。你对自己的态度,可以决定你是否快乐。如果你把自己看成是弱者,是“怀才不遇”者,你就将终日愁眉不展;如果你将自己看作强者,“踢得最好的球,就是下一个”,你就会快乐无比,勇往直前。抛弃悲观的心理,胸怀健康乐观的心态,才能做快乐的主人。

有这样一件事。李某早晨去上班,出门时衣服被门把手挂了一下,他立即产生一个念头,“今天是不是不宜出门?”结果要上自行车时,因精神恍惚,脚蹬子踩空了,身子不由自主恍了一下子,差点摔倒。他十分沮丧,今天不顺当。结果,这个念头开始在他胸中徘徊,久不散去。

到了单位,他心里仍在犯嘀咕,脑袋也发懵,干起事来丢三拉四。到了中午,科长走了进来,问他:“上午你没去听电话会?”他这才想起来,昨天通知的参加电话会的事忘得一干二净。科长不依不挠,劈头盖脸将他训了一通。弄得李某一脸无奈,眼泪只能往肚里咽。

中午到食堂吃饭,一不小心同其他就餐者撞了一个满怀,饭菜溅到了衣服上,尽管对方一直道歉,但他仍窝了一肚子火,食欲也就没了。

下午,他饿着肚子坐公交车去局里办事,一下车,摸摸口袋,钱包又丢了。他心中的火,一直想发作,但面对的是局里的头头脑脑,实在找不到对象。

下班回到家,正在打电话的爱人突然放下电话,神情有些不自然。这时，他质问了两句，心里头那股东西就冒了出来，“啪”地给了爱人一巴掌。这一巴掌点燃了家庭战争的导火索，闹得全家数日没有安宁。

数日后，才知道爱人是给他母亲打电话，并不是他猜想的有什么“故事”。

他说：“早晨出门衣服被挂了一下，害得我倒霉了一天”。

衣服被挂了一下同一天的倒霉事有什么关系吗？这里关键是心态，心态不好，便会看什么，什么不顺眼；干什么，什么不顺手。可见，人生得意时要珍视生活，头脑清醒；人一时有点失意，有些不顺畅，更应憧憬美好，振作精神。有一句话讲：“风能吹灭小火，也能煽起大火”。客观因素的不顺畅、不如意，可以击碎人们微弱的激情，也可以激发人们无限的潜力。西方有关于“救灾式”管理和“危机公关学”的研究，其主要内容就是教育人们坦然面对突然而至的变故，以积极的心态面对它，拯救它，改变它。

我们在庙宇里经常可以看到弥勒佛的形象，弥勒佛抬头挺肚捧腹笑的姿态，特别给人赏心悦目的亲切感，他的“大肚能容，了却人间多少事；满腔欢喜，笑开天下古今愁”的笑貌和境界，也引导人们驱散和化解了许多烦恼之事。

确实，我们应该有弥勒佛的处事态度，“能容别人所不能容，善忍别人所不能忍”。一件事情，应该用多种角度去看，看“远近高低”，看“阴阳差迟”。好，并不一定尽善尽美；差，不一定一无是处。职场不顺，岗位未获，短时期看，是个坏事，从长时期看，则可磨炼意志，为谋取“高就”铺垫了一级台阶。做一个乐观向上的人，必将赢得一个健康积极的人生。

(2)要有“淡泊”之心。“名利”这种东西，可以追求，不可以奢求。这些东西，用老百姓的话来讲“生不带来，死不带去”，过分的苛求，只能自寻烦恼，甚至自坠深渊。在这方面应该有一个自我超脱的境界，有一颗“淡泊”之心。香港作家张立先生说得好：“口袋里无钱，存折里无钱，但心里装满钱的人才最苦。口袋里有钱，银行里有钱，但心中无钱，此乃大福也”。

有一次听讲座，教授讲了一个钓鱼的故事：有一个富人，看到一个穷人在海边钓鱼，富人走上前去对穷人说：“你为什么不想办法多钓点鱼呢？比如去买条船。”

穷人反问富人：“我为什么要这样做呢？”

富人说：“如果你买了船，你就可以去更深的海里钓鱼了，那里一定有更多的鱼。”

“然后呢？”穷人问。

“然后？”富人想都没想就回答说，“那你就可以把钓到的鱼卖掉，去买更大的船，去更深的海里钓鱼，钓到更多的鱼！”

“然后呢？”穷人不懈地继续问。

“然后你就可以无忧无虑地在这里钓鱼了！”富人说。

“可我现在已经在这里无忧无虑地钓鱼了！”穷人回答说。

应该说，快乐就在每个人心里，只要你抛弃名利的诱惑，挣脱贪婪的枷锁，打破对不幸的惧怕，用豁达开朗的心境面对一切，快乐就会与你相伴。

(3)通过寻觅出路改变命运。有个成语故事叫“塞翁失马”，是讲任何不好的事，背后总藏着机遇，饱含着福音，有坏事变好事的可能性,“没有永久的幸运,也没有永久的不幸”,恐怕讲的就是这个道理。

人生的旅途假如接连遭遇坎坷时,请不要绝望,不要悲观,应该相信逆境是暂时的,就像旋风一样,它刮过来时,力度很大,可能毁坏一些器物,搞得人们晕头转向,不知所措,但它是一时的,会瞬间即逝。这时,应该清醒地意识到,旋风过后会时来运转的,只要你能积极为改变逆境主动出击,干点什么事,你就会找到出路,有所收获的。

有三个人要被关进监狱三年,监狱长答应他们三人每人一个要求。美国人爱抽雪茄,要了三箱雪茄。法国人很浪漫,要一个美丽的女子相伴。而犹太人说,他要一部与外界沟通的电话。三年过后,第一个冲出来的是美国人,他嘴里鼻孔里塞满了雪茄,大喊道:“给我火,给我火!”原来他忘了要火柴了。接着出来的是法国人,只见他手里抱着一个小孩子,美丽女子手里牵着一个小孩子,肚子里还怀着第三个孩子。最后出来的是犹太人,他紧紧握住监狱长的手说:“这三年我每天与外界联系,我的生意不但没有停顿,反而增长了200%。为了表示感谢,我送你一辆奔驰车!”

由此看来,命运在我们自己手中,同样的环境,在不同的人们中间会有不同的危机感,会做出不同的选择,选择对了,说明头脑清醒,没被现时吓倒,是一位智者;相反,则说明你慌不择路,需要好好吸取教训了。

73. 弱者也有出路

据说,高尔夫球运动项目刚刚兴起的时候,有个怪现象,几乎所有的该项目爱好者都喜欢用旧球,特别是有划痕的球。

原来,有划痕的球比光滑的新球有更好的飞行能力。于是,科学家动起了脑筋,他们根据空气动力学的原理,设计出了球体表面有凹点的高尔夫球。根据实验结果表明,这种有凹点的球的平稳性和距离性比光滑的球更容易控制,优势很多。从此以后,有凹点的高尔夫球成了统一的比赛用球。如果我们把高尔夫球的凹点比作人生际遇中的伤痕,那么,我们经常碰到的各种坎坷、碰撞和不走运就会不那么可怕，因为这些不顺畅的“伤痕”有可能带来新的机会，“鹅卵石铺就的路也是路”，这种路能走过来，其他的路也就不在话下了。

相比于高尔夫球的“伤痕”，我们现代人身上的伤痕更多，遭遇波折和失败的频率更高，因为现在社会瞬息万变，碰见的事物更复杂，更难对付，加上现在人们更加求新、求变，勇于面对挑战，所以，“撞南墙”的事就屡见不鲜了。

正因为如此，人们更需要正确认识失意，敢于面对失败，“摔个跟头要换个明白”，站起来继续向前走，弱者也应该有路，弱者也能变成强者。

(1)开掘自己，“缺陷”也能变长处

凡事都有两面性，没有绝对的好，也没有绝对的差。“文革”时期的文学作品把正面人物都写成眉清目秀的“高大全”式的人物，把坏人都写成卑微低俗的可憎之人。实际上人是复杂的，不可能用一两个简单的脸谱就能概括的。别说政治倾向中的正反面人物，就是生理上有无缺陷，也不能武断地区分素质的强弱和能力的大小。大家知道，现代有许多残疾人，身残志坚，弱中求强，由于个人的超凡努力和奋争，最后成为劳模、小说家、诗人、奥运会冠军，等等。

据报载，有一个"口吃变富有"的故事，就很能发人启迪：

3个男人找工作，正好碰到有一个牧师需要推销《圣经》。牧师分别和他们交谈后，对其中的两个男人十分满意，因为他们两个口齿伶俐；牧师对第三个男人不太满意，因为这个男人有口吃的毛病，但是，牧师还是允许他们都去试一试。

一天工作结束后，牧师检查他们的成果。

牧师问第一个男人："你售出几本《圣经》?"

第一个男人回答说："35本。"

这不是牧师所期望的。然后，他问第二个男人："你售出几本?"

第二个男人回答说："75本。"

牧师说："很好。"

最后，他把目光转向第三个男人，尽管牧师对这个口吃的男人不抱希望，但还是问："你售出几本?"

口吃的男人结结巴巴地回答说："175本。"

牧师十分惊讶，问他如何能售出那么多。

他说："我告诉他们，如果他们不买，我就要为他读一读。"

最终，这个善于发现自身优点的男人，成了一个富有的商人。

某铁路局，也有这样一个真实故事。某段一个主要领导有口吃的毛病，但这个领导在大会上讲话从不口吃，原因是他长着一副有准备的头脑，要讲什么，提前早已烂熟于心。由于他有口吃的毛病，格外受人关注和关爱，就是上级来检查就餐时，他往往也成了"核心"。有一次，局领导到这个段检查工作，发现一个车间管理不善，劈头盖脑批评了一通，他马上以结巴状自责，引得领导忍俊不禁，很快解除了难堪。由于这个段领导工作勤奋，富有才识，管理有方，多次被评为部、局的先进。

(2)弱者应寻找转机

机会对所有人来讲大体上是均等的，关键看你有没有一副聪明的头脑。聪明的人会"持重待机"，"寻机而发"。有了机会，就有了获胜的希望。聪明的人，有一颗勇敢顽强的心，认为"只要心中有，机会从天至”，只有想的到，才能做的成；聪明的人，不会“在一棵树上吊死”，他往往灵活善变，出奇制胜，另辟蹊径。

有一次，在电视上，听到一个成功的企业家讲了两个商界经营者在竞争中找转机、求生存的事例：

有个人在街道旁开了一个办公用品商店，主要经营各种笔记本及纸张，由于邻近有几所学校及机关单位，所以生意一直不错。可是雨季来临的时候，店面进了水，许多纸制品都遭了殃，他几乎赔进了所有的钱。可他并没有灰心，雨停后，他又借钱进了批货。可是没几天，大雨又来了，他的货物重蹈覆辙。当店里的人手忙脚乱地抢救那些纸制品时，他却一言不发地推开门，消失在雨中。

雨停后，他卖了店面，别人以为他垮了。可没过几天，他又在同一条街的另一个地点重新开业，依然经销纸制品。别人都笑他傻，脑袋一根“筋”。当雨季再次来临的时候，这条街其他的办公用品商店再次遭遇水灾，而他的店却安然无恙，销售额一下翻了好几倍，很快就将以前的损失赚了回来。原来，那天在大雨中，他走遍了整条街，发现了地势最高的地方，他用高价买了下来，因此成就了这番事业。

在一条街上，有很多家金店，竞争异常激烈。其中一家金店凭着经营有方脱颖而出，顾客不断，惹得别的店很是妒嫉。一天夜里，这家金店突然着火，好端端的店面顷刻化为一片灰烬。天亮时，人们看见店老板一脸凝重地在灰烬中找寻着什么，神情落寞而凄苦。人们纷纷感叹，他这下完了，上百万元的家当全成灰了。其他几家金店却暗中庆幸，为少去一个竞争对手而高兴。

几个月后，那块废墟上重新崛起一家金店，还是原来的老板，店面却扩大了一倍。在商店的橱窗里，展示着那些在火灾中留存下来的纯金饰品，它们身上仍依稀可见烈火焚烧过的痕迹。旁边写着：“真金不怕火炼。”这个消息一传十、十传百，很快，全市的人都知道了这家金店，店里一时间门庭若市，生意比以前更火了。

常言道：“挫折是一所很好的学校。”居里夫人也有一句名言：弱者等待时机，强者创造时机。确实，“成功是一首歌，失败是一首前奏曲，一首没有浪漫只有强者喜欢的前奏曲”，能唱好前奏曲就能把失败尊为老师，就能开启智慧之门，也必将能看到转机的曙光。在愚人眼中，失败是令人厌恶的枷锁和羁绊，而在智者心目中，它是深不可测的宝藏，是通向成功的垫脚石。

(3)弱者要“现实”一些，寻机求生

弱者寻找机会的路子也是不平坦的，不可能一蹴而就，也不会一下子就能抱个“金娃娃”，必须富有毅力和韧劲，必须耐着性子，付出千辛万苦。

寻找机会之路，有时也很曲折，有迂迴，有磕碰，但应该相信：曲径通幽，有时难免“弱肉”遇见“强食”，这时应该“现实”一些，见好就收，学会周旋，善于逃避，有道是“留着青山在，不怕没柴烧”，留待来日再寻机会也不晚。这方面，日本人的“实用主义”的生存观就值得借鉴，有例为证：

一个美国人和一个日本人在森林中散步。突然一只饥饿的狮子朝他们的方向跑来。日本人马上停住，坐在地上开始更换便于奔跑的跑鞋。美国人嘲笑他：“你真是个傻瓜，难道穿上跑鞋就能跑过一头狮子?”日本人回答说：“我不必跑过这狮子，我只要能跑在你前面就行了!”

由此可见，逃避并不是放弃，而是一种策略，它为“卷土重来”、“东山再起”作了一个铺垫。生存就有机会，以一时的得失论英雄的看法是不可取的。

西方有位管理学博士讲：人的智力相对于其他品质来说，个体间的差异比通常人们想像的要小得多。他认为，管理工作与田径、赛马没有什么两样，管理者不可能在竞争中以绝对优势获胜，因而不存在绝对优势。然而，争取微弱优势——篮球比赛中领先一分，赛马领先一鼻就是胜利。这个启示告诉我们，机遇到来时，竞争者众多，优胜者靠一叮点的优势，就能登上冠军领奖台。因此，在充满竞争的职场上，应把握与竞争对手的不同差异，采取“微弱优势”战略，就可把机遇和胜券抓在手中。

74. 找到出路的是智者

再让我们重温一个好多人都熟悉的故事：

有两个美国科学家做过一个有趣的试验。他们在两个玻璃瓶里各放进5只苍蝇和5只蜜蜂，然后将玻璃瓶的底部对着有亮光的地方，而将开口朝向暗的一方。几个小时之后，科学家发现，5只苍蝇全都在玻璃瓶后端找到出路，爬了出来，而那5只蜜蜂则全部撞死了。

蜜蜂为什么找不到出口？通过观察他们发现，蜜蜂的经验认定：有光源的地方才是出口。它们每次朝光源飞都用尽了全部力量，被撞后还是不长教训，爬起来后继续撞向同一个地方。同伴的牺牲并不能唤醒他们，它们在寻找出口时也没有采用互帮互助的方法。

如果说蜜蜂是教条型、理论型，那么苍蝇则是探索型、实践型。它们的智慧中，就从来不会认为只有光的地方才是出口；他们撞的时候也不是用上全部的力量，而是每次都有所保留；最重要的一点是，它们在被碰撞后知道回头，知道另外想办法，甚至不惜向后看；它们能从同伴身上获得灵感，合作与学习的精神让他们共同获救。

所以,最终它们是胜利者。

对这个故事,人们有着不同的结论,有人说蜜蜂“宁折不弯”,有着坚韧的性格,为寻求光明付出了牺牲,而苍蝇为苟且偷生,不惜弃明投暗;有人认为苍蝇是智者,有着过人的机敏,非常聪明,蜜蜂则是愚者,“一条道上走到黑”,“撞了南墙不回头”。

这里,我们抛开二者对人类的利弊和大家习惯上对它们的爱恶先不论,单从试验本身谈谈看法。

(1)过时的经验靠不住。凡事难有统一定论。一般来讲,光明是人们所追求的东西,有了光明就有了出路,朝着光明走去就能达到既定的目标。但事情也有另外,蜜蜂本身就是忽视另外吃了苦头,它满足于一孔之见,习惯于“穿新鞋走老路”,靠老办法办事,抱着老“经验”不松手。殊不知,黎明前的夜最黑暗,只有跨越这个黑暗,才能见到东方的日出。

拿破仑说过:“习惯能成就一个人,也能摧毁一个人。”习惯有时会成为你迈向成功的障碍,让你扔掉即将到手的机会。蜜蜂的失误主要是以偏概全,拿着局部的经验往其他方面照搬硬套,结果自我禁锢,被牢牢套住不能自拔。蜜蜂的失败还在于它抱残守缺,本来形势发展了,世界进化了,自己却陷在停滞的泥沼里,被旧习惯所左右,最后成为片面性和形而上学的牺牲品。

(2)探索需要“摸着石头过河”。面对一个没有桥的大河,每个人都期望尽快到达彼岸,在摸索过河的方法时,有不少人犯了急躁症,横冲直撞,因不得要领,“欲速则不达”,最后被淹没在湍急的江河中。有的人缩手缩脚,望河兴叹,不敢越雷池一步,作了懦弱的小人。唯一的办法就是借鉴苍蝇的做法,有所保留地探索,小心翼翼地趟水,呛了水找找原因,绊了脚移开绊脚石,不懈地向前走,积小步为大步,最后,寻出一条到达彼岸的路径。邓小平同志曾经讲过:“我们确定一条原则:胆子放大,就是坚定不移;步子要稳,发现问题就赶快改”。现在我们面临的改革确实是前无古人的创举,没有现成的经验可以借鉴,必须“慎重一点,看得准一点,解决得好一点”。要想取得预期成效,必须先缓后急,先易后难,先吃“软肋”,最后啃“硬骨头”。

(3)出路在发现,在灵感。人生没有回头路,当你认识到做错了事,走错了路,就应及时调转方向,调整目标,只要你善于发现,富有灵感,出路可能正在一步步向你靠近。

20世纪初,美国著名企业家哈默曾经卖掉自己苦心经营多年的药厂,这在当时令同行感到不可思议。

药厂前景被人看好,但哈默说:“我不关心明天的钱,而在乎眼前。”哈默作了一个令人吃惊的举动,他到了当时政局混乱的前苏联。前苏联当时地区之间战乱不断,特别是粮食缺乏,许多人被活活饿死。哈默在这里发现:前苏联的农民因为担心时局,把粮食堆在家里不肯出售,而另一部分人却购买不到粮食。

哈默开始从美国运来大量的小麦。他的举动被人们称为“班门弄斧”,因为前苏联大量种植小麦,何必长途运来小麦?

但是,人们的估量错了,哈默的小麦成为前苏联人们心目中的“定心丸”,销售量高得出人意料,他换取了前苏联的大量毛皮和白金。

1921年,哈默在莫斯科的报纸上看到前苏联即将进行一次全国性的扫盲运动。于是,哈默产生了一个大胆的想法,在这里办一个铅笔生产厂。他很快得到了当时前苏联政府的同意。可他的举动又令朋友们大惑不解,并为他担心:可怜的哈默,莫非是被“伏特加”灌昏了头脑?他怎么会想到去生产只需2美分一支的铅笔?

哈默从德国高薪聘请了技术人员,很快就把铅笔生产出来了。

第一年,他就获得了250万美元的纯利。一支小小的铅笔,为他积累了原始资本。

(4)借鉴他人才能丰富自己。如果蜜蜂失败还有一个教训的话,那就是它们忽视了“团队”合作的力量,一个同伴牺牲后,它们没有互相提醒,借鉴同伴教训以警示自己,校正自己。

大家知道,我们处在一个充满竞争的时代,其残酷性和激烈程度日趋明显,如何生存、如何选择出路正成为人们密切关注的课题。课题破解的诀窍,就是像“苍蝇”那样,遵从合作的法则,依靠大家的协作和互助,以赢得共同的出路。

协作和竞争看起来相互对立,实际上互为依存,因为一个人的力量毕竟有限，仅靠单枪匹马，难以成就任何复杂的工作和系统的工程，只有倡导既竞争又协作，呼唤团队精神，努力实现“双赢”，才能消除个人能力的局限，走出自我封闭的怪圈，最后获得巨大的成功，获取共同的富裕，撑起同一片蓝天。

75. 钻牛角尖不可取

钻牛角尖，一般是讲“死脑筋”，认准一个理，“一条道走到黑”，就是有九头牛也拉不回来。现在这个词的含义外延了，是讲人处事“教条”、“刻板”，不会变通，抱着一个固定的思维定势不松手。

有一位禅师写了两句话要弟子参研，那两句话是：“绵绵阴雨二人行，怎奈天下不淋一人。”

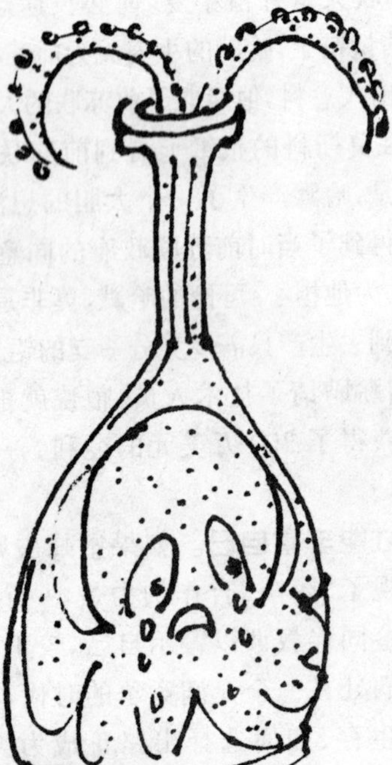

弟子们看了这题目，便议论纷纷起来。

第一个弟子说：“两个人走在雨地里，有一个人却没淋到雨，那是因为他穿了雨衣。”

禅师对于这个解释不予置评，只是缓缓地摇着头。

于是另外一个弟子说：“那是一个局部阵雨，一边下着雨，一边没下雨，这种景观虽不常见，但也不算罕见。所以两人走在雨地里，才会一个淋不到雨，那是因为他走在没有下雨的这边。”说完，他望向禅师。

禅师仍旧默然不语。

于是，第三个弟子便得意地说：“你们都错了！什么穿雨衣，局部阵雨，”他嗤之以鼻地继续说道，“都太牵强了，其实道理很简单，一定是有一个走在屋檐下，所以才没淋到雨。”

说罢，他扬扬自得地准备接受赞赏。

禅师微笑着看看他，然后对弟子们说：“你们都执著于‘不淋一人’这一点上，但却钻入了牛角尖，其实，所谓的‘不淋一人’，不就是‘不只是淋一个人’，不就是两个人都在淋雨吗？”

无独有偶，发生在人类的这种现象，有时在动物身上也能看到，比如大海里的章鱼就有这种特性。

一只章鱼的体重，可以达到 70 磅。换算一下，也就是将近 32 公斤。

但是，就是这样一个大家伙，它的身体却是非常柔软的。它柔软到几乎可以将自己塞进任何它想去的地方。因为它们没有脊椎，甚至可以穿过一个银币大小的洞。它们最喜欢做的事情就是：将自己的身体塞进海螺壳躲起来，等到鱼虾走近，就咬破它们的头部，注入毒液，使其麻醉致死，然后美餐一顿。它几乎是海洋里最可怕的生物之一。

但是，渔民们有办法制服它。他们把小瓶子用绳子串在一起沉入海底，章鱼见到了小瓶子，都争先恐后地往里钻，不论瓶子有多么小，多么窄。结果当然是，在海洋里无往不胜的章鱼，成了瓶子里的囚徒。

是什么囚禁了章鱼？是瓶子吗？不，囚禁了章鱼的，是它们自己。它们向着最狭窄的路越走越远，不管那是一条多么黑暗的路，而且通向死胡同。

可见，无论人类还是动物都不能“死脑筋”，而我们也应通过这些“死脑筋”的故事来激活自己的头脑，变认“死理”为讲“活理”。

一是过紧要处时不能糊涂。人生的路没有平坦的，紧要处往往只有几步。所谓紧要处，实际上就是十字路口，据说，人一辈子只有有数的几个十字路口，过十字路口很紧要，腿往哪儿迈，必须慎思量，这时候如一步走错，就南辕北辙了。到底怎么走，要经过探索，不能“一根筋”。盲人走路全凭竹杆，靠听力辨别敲击声，声音不对，他会立即调整方向，遇见十字路口，他通过听力来辨别车流量，确定下一步如何迈。走钢丝的杂技演员有一套硬功夫，他旅程不远，但很紧要，他手里也有一根杆，他的杆是调整平衡的，防止身体失衡，偏离方向，出现功亏一篑的后果。人生苦短，如果糊里糊涂地拐错了一个十字路口，几十年就搭进去了。到那时，说什么都不灵，“后悔药”哪里都买不到。因此，过紧要处时，需要悠着点，左顾右盼，审慎抉择。

二是方法一变通，结果就变样。前些年，有一句口号叫遇着红灯绕着走，遇见黄灯快点走。这句话有一定的偏颇之处。但我们搞企业，有一点应该弄明白，既要清楚上级让我们干什么，也应清楚上级没说不让我们做什么。也就是思路要开阔，善于变向思维，顽强地在政策“夹缝”里成长，这样才便于立住脚跟，做大做强。

变通讲究灵活，提倡不从一个角度看问题，通常喜欢调整角度，最后找到较为合理又便于接受的办法。比如我们做人的工作很难，常常喜欢用简单的想当然的办法去处理，结果往往大打折扣。有人因此说：“我真想再去当一名医生，医人的肉体比医人的思想容易多啦！”改变人的思想难在哪里？讲到这儿，人们往往想到批评教育人要态度严肃，口吻严厉，不苟言笑，因为“良药苦口利于病，忠言逆耳利于行。”孰不知，现在医学都发展了，本来苦涩的药片，加上一层糖衣，患者就能顺利地服下去，起到治病救人之效。诗人袁牧都说过这样的话：“所贵紫团参，作药无药味。”我们面对苦口良药和逆耳忠言可以补上两句：“为何良药要苦口，为何忠言逆耳行”。任何事物都在变化，做人的工作，方法也有变通的问题。“方法变通，一通百通”，教育人的方式的改变，就好比通过水果间接供给人们维生素，调整人的需求，那效果肯定不一样。

一般来讲，创新型的人才富有变更方法的素质，这种人思维活跃，对企业所处环境有着敏锐的洞察力，能从平常的运行规则中找出不寻常的症结所在，看到实际存在和理想效果的差距，举一反三，闻一知十，脱出旧有的观念方法的窠臼，另辟溪径，标新立异，想出不同以往的方法点子，提出非同凡响的主张，结果事半功倍的成效就出来了。

三是计划要跟着变化走。凡事都要有计划，大到国家五年发展规划，小到一个企业年初的工作谋划。但计划是“大概其”，是原则性方向性的东西，它要随着工作的深化不断调整，这就是人们常说的“计划赶不上变化”。计划是死的，人是活的，情况变化了，思想要跟上趟，随时微调。如果硬着头皮“按图索骥”，就要跌大跟头了。

就是人生的轨迹也是如此。有些西方的首脑竞选前，都是信誓旦旦许下诺言，上任后准备要达到什么目标，但等他上了台，会常常变卦，原因不是时过境迁，就是条件不具备，施政纲领的确定同原来许下的诺言有了相当大的变化。就是上任时颁布的施政纲领，一旦执行起来，具体步骤和方法策略也在不断地调整。

英国的丘吉尔就有这方面的体会：有人问丘吉尔，做个政治家有什么条件。丘吉尔回答说：“政治家要能预言明日、下月、来年及将来发生的事情。”那人又问：“假如到时候预言未实现怎么办？”“那就再说出一个理由来。”常言道：世变事变，时易事易，就是这个道理。

“好汉不逞一时勇”，有一个活泛的头脑，加上随时调整的路数和方位，实现大目标就不费难啦！

四是举一反三、事半功倍。凡事不能认“死理”，守着僵化的条条框框不放。一个目的地，应该有不同的行走路线供选择；办成一件事，也需要若干个“小点子”供采纳。有时处事不可强攻硬取，

“人只有一个主意时最危险”，面对攻占的山头，可以强攻，也可以智取；可以迂回，也可以派“内线”突破，这时候，“诸葛亮会”最必要，它可以集众议，纳众智，筛选、比较、衡量，立体思维，触类旁通，一个方案不保险、可以拿第二个；第二个方案有缺陷，第三个可以补充。总之，博采众长、集思广益变通途，一条路走到底是要碰钉子的。

76. 自信很重要

自信当然就是自己相信自己，富有自信心能够在充分估计客观现实的基础上，对自己的素质和能力有足够的估价和把握，虽然不一定有“舍我其谁”的感慨，但应有“我能行”、“我能处理好”的自我认知；虽然没有目空一切、排斥他人的意识，但应有组织大家带领人们奔向成功的信念。

讲自信，应心态端正，面对现实，富有自制力、感召力。自信者能成功，很重要的是他们相信自己、相信企业，认为不管怎么样，总会有成功的那一天。一般来说，拥有自信的人都有一个大目标，对未来有比较大的期望值，不愿总平平淡淡，更不愿意碌碌无为，他们珍惜身边每一个机会，竭尽全力地抓住它，抓牢它，并通过千辛万苦去实现它。应该说，他们为实现每一个目标及自身价值而付出的自制力和承受力是难能可贵的。

有一个“铅笔的原则”的故事某种意义上体现了他们的一种精神：

铅笔即将被装箱运走，制造者很不放心，把它带到一旁对它说：“在进入这个世界之前，我有五句话要告诉你，如果你能记住这些话，就会成为最好的铅笔。”

(1)你将来能做很多大事，但是有一个前提，就是你不能盲目自由，你要允许自己被一只手握住；

(2)你可能经常会感受到刀削般的疼痛，但是这些痛苦都是必需的，它会使你成为一支更好的铅笔；

(3)不要过于固执，要承认你所犯的任何错误，并且勇于改正它；

(4)不管穿上什么样的外衣，你都要清楚一点，你最重要的部分总是在里面；

(5)在你走过的任何地方，都会留下痕迹，不管是什么状态，你必须写下去。要记住，生活永远不会毫无意义。

他们的精神状态起码反映了这么几个方面：

其一，他们要做很多事，但这些事都围绕一个主轴，这是他们的信仰，可以说他们的任何作为都不是盲目的，而是围绕主轴去想，围绕主轴去做，紧紧围绕在主轴的周围来运作本职的事，从不会发生方向的迷失和作为的失度。

其二，价值的实现要付出痛苦，甚至遭受撕心裂肺的“伤痛”。面对伤筋动骨的“修整”，他们对此毫不怨言，认为“劳其筋骨”、洗心革面是一个必不可少的过程，不经“风雨难以见彩虹”，不付出一定代价，难以书写华美的乐章。

其三，他们从不固执，并始终具备这样的意识，不愿意革除自己“伤疤”的人难以适应社会的变化，孤芳自赏式的自我评价是不可取的。应该让大家去评辨，每个人生活在世上，既有自己的特点，也有人所不及之处，同时又有不如人的地方，以己之长比人之短，目空他人不是应有的品质和美德。

其四，“包子好吃不在褶上”，任何漂亮的外衣都是饰品，都是“附着物”，充其量只有一只“花瓶”的价值，而内容才是实实在在的。“金玉在外，败絮其中”的东西是不值分文的伪劣品。

其五，坚持不懈，持之以恒是一种美德。“担子越重，脚印越深”，一个勇于挑重担的人会留下深刻的人生轨迹。一位名人讲过：“一个人担子越重，就越能感受到生活的充实与快乐”。担子是责任，担子是义务，只有经常挑重担一步一个脚印的人，才会感受到生活的愉悦和幸福，这是任何虚度光阴的庸人所感受不到的。

讲自信，应超越自卑，富有强烈的进取心。自信者的一个最大特点就是能认清自身优势，懂得别人能做到的事自己能够做到，别人做不到的自己也能够做到，如果暂时做不到今后创造条件后也会有做到的那一天。克服自卑，也要注意培养自己要强的性格，特别是职业自卑，与个人性格关系很大，往往是自己性格怯懦、脆弱造成的。对于有自卑感的人来说，要通过自我锻炼、自我教育的方法调整自己。同时也要学会心理平衡，通过比较调适自己失衡的心理，增强个人自信心和职业荣誉感。麦克阿瑟在考入西点军校前一天的晚上心情很紧张。他母亲告诉他：“如果你不紧张，就会考上，首先要相信自己，不然谁会相信你，认同你，即使你没考上，因付出了努力也不遗憾”。结果，他考了第一。

动物园里的小骆驼问妈妈：“为什么我们的睫毛那么长？”

骆驼妈妈说：“当风沙来的时候，长长的睫毛可以让我们在风暴中看到方向。”

小骆驼又问:“为什么我们的背那么驼,丑死了!”骆驼妈妈说:“这叫驼峰,可以帮我们储存大量的水和养分,让我们能在沙漠里耐受十几天的无水无食。”小骆驼又问:“妈妈,为什么我们的脚掌那么厚?”

骆驼妈妈说:“那可以让我们重重的身子不至于陷在软软的沙子里,便于长途跋涉啊!”小骆驼高兴坏了:“哇,原来我们这么有用啊! 可是妈妈,为什么我们还在动物园呢!”“艺大不压身,今后我们会派上用场的。”骆驼妈妈回答说。

从小骆驼身上我们认识到,自卑感在许多人身上都有不同程度地存在,特别是年轻人或刚刚从事一种新的职业时,更是如此。比如小骆驼开始时,对自身存在的优势不认知,对面临的处境一脸茫然,如何生存下去信心不足,而骆驼妈妈则恰恰相反,因为它的丰富经历使它不仅熟知自己的天赋和才干,也没有被一时困境吓倒,确信“天生我才必有用”,外边的天地很大,机会将偏爱自信的人。

自信者会自我定位,自我设计,走好自己的路。一个人素养的高低,才干的多少,自己首先应有正确定位,而不必在乎别人怎么说,或者说了些什么。我们处在一个竞争的社会,要通过参与竞争来施展才干展示作为,这个过程会始终伴随着非议、嫉妒和诋毁。有位名人说过:“对于不在乎的人,人们要宽容得多。”但是作为自己要有正确的自我评价,太看重了不好,太看轻了也不可取。应该通过自我定位,把握人生,寻求自我实现的路径,成就自己的一番事业。有一句话说得好:“人生靠自我雕琢,个人是设计师,成龙成虫在自己。”有一个真实的事例可以印证这个道理。

这是一位著名女撰稿人的亲身经历:

几年前,她丈夫因工作需要,调到了一座寒冷的北方城市。她是在四季如春的南方大都市长大的,那里有她的父母和朋友,有一份舒适而又收入丰厚的工作。随夫到了新的地方后,她不仅不适应北方的生活习惯，而且一直没有找到合适的接收单位。为了排遣郁闷，她开始学习写作，并结交了很多文友。在和新朋友交往的过程中，她显露出自己连做梦都没有想到的创作才华。她的作品深受读者的欢迎，很快就在当地的文人圈子里崭露头角，初到异地产生的陌生感也在不知不觉间烟消云散了。

后来，家乡的一位朋友来看望她，对她的变化感到十分惊讶，问她是怎样这么快适应环境的。她反问朋友："假如你身后有一扇门，代表你的过去，你的前面也有一扇门，代表你的未来。你很怀念和习惯过去的生活，但身后的那扇门永远也推不开了，这时候你该怎么办？"她的朋友毫不犹豫地回答："那就想办法推开前面那扇门呀！"她笑笑说："我现在不是已经把前面的那扇门推开了吗？"

确实，人都有优势，只有善于发现自我，才能义无反顾地推开前面的那扇门，才能发现真正属于自己的新天地。

还应该说，自信来自素养，一个善于自我调养、培养自信的人最后会拥有自信。自信是一种难能可贵的品质，或者说是一种来自先天又取自后天的气质。它一方面需要自我培养，另一方面也要依靠知识、技能、才干的丰富储藏，而后者既是基础又是阶梯。有了后者才能显得更为自信，面对事业才会应对自如，"潇洒走一回。"

77. 知足者常乐

企业重组、改制，为人的岗位竞争设置了一个舞台，有本事就应该拿出来，"比划比划"，结果，也就有了优胜劣汰之说。易岗了恐怕就有易薪的问题。于是，有人就沉不住气了，认为"世态炎凉"，收入坐了"滑梯"，成天"老大不乐意"似的；也有的弄了个"一官半职"，心中窃喜，感到日子有盼头，收入见长。

人是充满欲望的动物，这是谁都知道的事。应该说，正常的欲望需求应该满足，这是天经地义的事，谁都长着一个要吃要喝

的嘴，谁的肚皮填不满也会“咕咕”叫。但是，这里有个问题，人的基本需求和过当的需求是两个层面的事，我们应该提倡和满足基本的需求，满足较为优裕的生活方式，拒绝过当的需求，摒弃奢华的生活方式。但是，如何体现前者的准则并防止误入后者的套子呢？

(1)相互攀比是不满足的起点

有一句话讲：有比较才有鉴别。这话没有错，它是讲两个不同的东西放在一起，更容易发现其优劣、高低、真伪来，以便好的为差的树立示范，差的作为鉴戒，二者可以切磋、沟通和交流。但生活上的攀比同这种比较不是一个概念。过去有位英雄讲过：“工作上要向标准高的看齐，生活上要向标准低的看齐”。这句话现在看仍不失现实意义。我们如果只关注生活状况的攀比，结论就会变味。

20 世纪中期，有一个外国报人说过这样的话：按照行为经济学家的观点，我们越来越富，有的也会感到不幸福，其主要原因是拿自己同物质条件更好的人相比。

有位编辑讲：“如果你想幸福，处理起来很简单，就是与那些不如你的人，比你更穷、房子更小、车子更破的人相比，你的幸福感就会增加。问题是，许多人总在做相反的事，他们与自己强的人比较，产生了挫折感，出现焦虑情绪，觉得自己不幸福。”

“比如讲住房,一个人到底需要多大面积?恐怕心目中的标准主要取决于邻居拥有多大的住房。如果邻居的住房小,那他也不需要更大的。”

这位报人讲:“最好的比照点应该是澳大利亚富人里·帕克,他的一个肾是移植的,心脏也做过手术。”“你难道希望自己拥有40亿美元,而一个肾是移植的吗?”

这番话也印证了一句名言:“医院是一个使人终于把命看得比钱更贵重的地方。”我国的一名大富翁也说过一句让人瞠目的话,他讲:如果可能,我愿意让出所有的财富和年轻人交换年龄。

确实,攀比使人远离幸福,攀比使人“欲壑难平”。实际上,如果作一个比喻的话:人生经历如果用数字表示,健康是1,事业、爱情、自由、金钱都是零,四者缺一,生命会损失一块。但至关紧要的还是健康。一旦前边的那个1不存在了,后面的零就失去了依靠。零再多,也毫无意义。说白一点儿,人的生活有基本需求作保障就行,日子过得充实就是幸福就是快乐,对收入的多少不必太苛求,对生活的奢华不应过分追求,人生最重要的是健康,是自我价值的实现。

(2)想快乐就不能算减法

有人奉劝人们如果顺利度过一生,需要摆正人和金钱的关系,他说:“金钱是个好仆人,但绝不是个好主人。”意思是人如果让金钱主宰的话,可能要倒霉的,甚至会沦为乞丐。这个道理引出了一个古老的故事:

一座破庙里住着一个贫病交加的乞丐,常常食不果腹,衣不蔽体。于是,他便常常祈求古庙里供奉的天神让他发大财。

天神奉命到人间巡察,恰好听到乞丐的祈祷,便从身上掏出一个钱袋递给乞丐,并告诉他说:“我送给你一个拥有魔力的钱袋,钱袋里永远会有一枚金币,是怎么也拿不完的。但是,你千万不可太贪心,在你觉得取来的金币已经足够你花销的时候,你就要把钱袋远远地扔掉。”说完,天神便消失了。

乞丐打开钱袋,里面果然藏有一枚金币。他欣喜若狂地把金币掏了出来,里面又有了一枚金币。于是,乞丐便不断地往外掏着金币。他掏呀，掏呀，掏了整个通宵，身边的金币已经堆了好大一堆。

第二天，乞丐又累又饿，他很想去买一块面包，但一想到天神临别时的再三交代：在开始花钱的时候，就要把钱袋远远地扔掉。便强忍着饥饿，继续不停地往外掏呀，掏呀。一天、两天，金币几乎要堆满整个屋子了，而乞丐自己也活活地饿死在这堆金币旁。

因为贪婪，这个可怜的乞丐虽然守着大堆的金币，但直到死他仍是一个一无所有的乞丐。

在现实生活中，像故事中的乞丐一样因为贪婪而最终还是一无所有的人是大有人在。

贪婪，就是对金钱的过分追求。人太贪了，为官者丢官，为民者丢命，走到极端的话，会人财两空。

贪婪就像一道奇异的减法，在有些情况下，减数和被减数对等，"赤条条来去"，一无所有；在通常的情况下，往往会出现减数大于被减数的结果。你胃吃进去多少，要吐出来多少，有很多时候可能要加倍偿还，可能连过去名节、荣誉、自由甚至家庭都要搭进去，无一幸免。如果都人财两空，身首异处了，还有什么快乐可言！

(3)图享乐不能往钱眼里钻

笑星葛优和牛群有一段调侃金钱的话很有些味道，他们说："钱这东西够花就行了，不能太贪，而且据说人一辈子挣的钱是有定数的，早挣够了早死，晚挣够了晚死。那就慢慢挣，最好挣到 90 岁，你钱正好挣够了，也正好到时候了。"

应该知道，在这个世界上，你通过做工作获得的东西，还有比薪水、奖金更为宝贵的东西，那就是有了自我能力的提升。现在我们所处的铁路企业，由于诸多因素的制约有些人的收入可能不尽如人意，但应该明白，你的全部收益应包括经济的积累，培训的知识技能的提高以及良好品德的养成，这一切较之于金钱不知要高出多少倍。

据说有个叫蒙田的哲学家，以两个不同物件的区别，引导人看清金钱的本质：

一位富人去看哲学家蒙田。蒙田将他带到玻璃窗前，对他说

"向外看,告诉我你看见了什么?"

"许多人。"富人回答说。

然后,蒙田将他带到一面镜子前,问道:"现在你看见了什么?"

富人回答说:"我自己。"

"窗子和镜子都是玻璃,"蒙田感叹说,"分别只在于一层薄薄的银子,但这一点银子就叫你只看到自己而看不到别人了。"

生活中,你心中有善,你就能成为好人;你心中有恶,就会沦为恶人;从钱眼里看人,坑了别人,枷住了自己。有首打油诗写道:"占便宜处失便宜,吃得亏时天自知,但把此心存正直,不愁一世被人欺"。

实际上,"该你的早晚是你的,不该你的怎么整也不是你的",一门心眼往钱眼里钻的人,得到的不是舒服,而是"束缚",自由都没有了,拿到了金钱,还有什么享乐可言,不是"作茧自缚"是什么?!

还是盖茨说得好:"等你有了一亿美元的时候,你就会明白钱不过是一种符号"。

如果给生活富裕定一个标准,应该说,"生活富裕,包含一个三角的结构:1/3 关注物质;1/3 关注精神;1/3 关注自然,只有三角融合的生活才是最完整的",面对这样的生活,才应该"知足常乐"。

(4)心理失衡会造成患得患失

人生不知足就是心理失衡,失衡的主要表现就是认为仕途不顺,收入未增,"得不偿失"。于是,"跃跃欲试",萌发"非分之想",甚至不惜"以身试法"。

人们生活中有一个普遍法则,就是有舍有得,不舍不得。"舍弃是前提,获得是结果。"应该说,"作为企业领导者、管理者,日常付出是大量的,是不言而喻的,有目共睹的","付出超过所得"已经成为一种极为普遍的现象。从另一个方面讲,因为你干的就是这个活,你不是公仆吗?!公仆就得投入,领导就是服务,这是天经地义、义不容辞的事。要不然你回家抱孩子、回家卖"红薯",可能就没有这么多事端了,就不会"两眼一睁,忙到熄灯"啦!

话又说回来,你心理失衡,工作有没有失衡的问题,完全尽职尽责了没有,尽善尽美的程度怎么样,老百姓有什么评价,上对得起领导下对得起群众吗？是否做到了期望同政绩相一致。

一个人的追求应有更高的层次。如果你不仅仅盯着个人收入，将会得到更多的回报；如果你工作脚踏实地，廉洁勤政，将会获得漂亮的职场记录，赢得职工良好的口碑和赞誉，这将会给你带来更多的财富。

应该讲，领导和职工对你的付出看在眼里，想在心里，在工资、奖金、待遇方面已经“高看一眼”，对你的作为及贡献的估价很充分、很到位，我们应该有满足感，满怀感激之心、回报之志才对。

如果对个人的事过份斤斤计较，讲条件，闹待遇，没有平常心、平常态，把入党前、就职前的话抛开脑后，不在勤政廉政上花力气、下功夫，甚至产生贪欲之念，就会滑坡了，这是很危险的，也是要不得的。

78. 云开雾散，阳光灿烂

人生同天气一样，有丽日，有薄云，有酷暑，有严寒，也有暴风雨。天气好的时候，我们会得到阳光的沐浴，有一个愉悦的心情；天气不好，我们也应学会躲风避雨，学会适应、忍耐，危难之时“暂栖身”，以便等待时机，趋利避害，期盼阳光的来临。

学会忍耐，懂得蓄之待发是一种心态，一个境界。

从前，有一头毛驴一时不慎，掉进一口枯井里，驴的主人十分着急，想了不少办法也没能把它救上来，面对哀求的毛驴，主人无计可施了，开始准备放弃。他想这头驴跟了他十几年，干了许多活，现在已近绝境，应好好予以安葬，以了心愿。于是，主人请来乡亲帮忙，大家你一铲我一铲地往枯井里填土，当毛驴预感到死期临近时，哭得很悲伤。正在乡亲起劲地继续挥铲填土时，毛驴停止了哀鸣，紧接着出现了惊奇的一幕。

毛驴将落在身上的泥土抖落到一旁，然后站在泥土上边，大家铲的泥土越多，它站得位置越高。很快毛驴上升到井口，等到大家惊得瞠目结舌时，它却乖乖地站在主人的身旁。

应该说，面对逆境，要会忍耐，也要靠勇气。说到忍耐，有人总认为是消极的，是一种懦弱，用时髦的词来讲，是思想保守、观念滞后，不思进取的表现，实际则不然，小的环境我们可以尽快地改变，但一旦大的环境形成了，就不易改变，因为构成这种环境的因素很多，很复杂。要想改变它，有时是一二年、三四年，有时可能要搭上半辈子的时光。

那时，就需要耐得住逆境的熬煎，会应付，会周旋，付出“劳作之苦”，也要会忍耐，不怕吃亏，悄无声息，“韬光养晦”，伺机而起。这不是逆来顺受，而是一种策略，“暴发前的沉默”，忍耐是奋起的前奏曲。一个人有了这种耐力，就有了人生的动力，有了战胜逆境的信心、勇气和力量。就像毛驴那样，面对纷纷下落的泥土，也能将其踩到脚下，并借势而上，提升自己到一个新的层面。

面对逆境，“适者生存”，有耐心就有希望。就像人都是从小到大、由弱到强，由青年步入壮年一样，事物都有一个渐进的过程。

有人犯急躁病，碰到点挫折就灰心，就绝望，好似驴主人，面对枯井，“无计可施”，就忙着处理“后事”，实际上，环境的改变不是三天两早晨的事，有时机，有条件，有转化的步骤和阶段，需要按着发展规律走，太急了，条件不成熟，会适得其反。

希望属于强者，许多时候，能摧毁我们的不是境遇的不佳，而是我们自身的怯懦。怯懦是一种消极的东西，它使人过分的谨小慎微、战战兢兢、优柔寡断，结果造成自信心、自我评价的降低，战斗力的减弱，从而使目标值缺了一大截。

如果面临危难时刻，能抱有必胜的信念，想着“我能行”、“我是胜者”，那么，成功就可能向你招手。

有一个真实的事例完全能解释这个道理。20 世纪 70 年代某一天，拳王阿里和另一个拳坛高手弗雷泽正在进行一场激烈的拳击比赛。

当比赛进行到 12 回合时，拳王阿里已经精疲力尽，几乎没有多少招架之功。台下看比赛的内行人士说：“阿里的气力已经变得有一只麻雀落到他身上，都能把他压趴下。”不过，阿里外表还装出一付进攻的姿态，一股不获胜不罢休的劲头。阿里的外象使对手作出了错误的判断，弗雷泽屈服并放弃了。裁判立即高举起阿里的手臂，宣布阿里获胜。这时，已经获得金腰带的阿里，还未到台边，就眼冒金星，瘫倒在地上。

弗雷泽见状后悔不已，懊恼自己输在最后一刻未坚持下来。

由此可见，很多人的失利，不是败在体力、能力上，而是败给了自己，败在了意志力的缺失和最后一刻的放弃上。体育比赛是这样，人生的旅途也是如此。

我国有个著名企业家提出了“99 度加 1 度”的成功公式，是说烧水到 99 度，再加把劲，提升 1 度水就开了，这最后 1 度最为重要。聪明的人会抓住关键，付出努力，实现成果共享，但也有不少人“功亏一篑”、“功败垂成”，走进失败的怪圈，留下了终生遗憾。

冲出逆境也需要进取的心态和智慧。人生的旅途中有大大小小的枯井，这些枯井有时就在地表面，无遮无盖，容易识别；有些枯井，本身就是“陷阱”，秘而不宣，藏而不露。对此，须有一个清醒的头脑，“于安思危，于始忧乱”，初唐诗人王勃有一句名言：“灾祸不入慎家之门”，如果我们的确能够预想在先，预测在前，“防事于未萌，避难于未形”，就会像诸葛亮说的：“君子视微知著，见始知终，祸无从起”，掉到“陷阱”里的倒霉蛋就不是我们。

不过现实终究是现实，不可预测的灾难总是有的，因不小心掉进“枯井”里的事也在所难免，“灾难是在你忘了的时候来临的”。突遭逆境，也不必面露悲天悯人之色，更不必惊慌失措，因为任何绝望和哀求都于事无补，换来的有可能是埋葬你的“泥土”。处变不惊、临危不乱才是最好的选择，急中生智、遇难生慧才是上策。可能你会说，靠一两个人的力量，要想改变环境太难了，太微不足道了。的确，个人在社会环境面前，其力量是小了点。但这并不等于要消极地面对环境，束手无策。大的环境我们可能没有回天之力，但小环境完全可以改变它。培根曾说过：“奇迹多是在厄运中出现的”。毛驴教给我们走出困境的秘诀，就是抖落身上的泥土，伺机而动，将埋葬个人的泥土变作拯救自己的铺垫和阶梯，创造走出“枯井”的条件，从而改变自己的命运。

这本身就是智慧之光，是让灾祸出现逆转的学问。“人有逆天之时，天无绝人之路”，“阳光也有自己的一份”，事物发展的本质就是这样。

79. 引进“名吃”众人尝

企业重组、整合后，人多了，资源多了，舞台大了，管辖的区域也增加了好几倍。人力资源的聚合，使单位增添了不少生气，能人、才人、有专长的人的增加，使企业的“人才库”瞬间庞大起来，有演孙猴的，有演猪八戒的，各路神仙也好，能工巧匠也好，一应俱全，应有尽有。管理资源的汇合，使方方面面的治理企业、改革发展的实招、高招、妙招也拥了进来，提升了管理财富的厚重程度。面对这种情况，作为整合单位，是博采众长，为我所用，还是唯我独大、排斥“异己”呢？

李瑞环同志担任全国政协主席时，有一次参加政协港澳小组的讨论，他讲了一个茶山的故事，耐人寻味。

宜兴有种紫砂壶，用的时间长了，会累积一层陈年茶垢，在壶中形成茶山，长出茶山的壶，不放茶叶也有茶味。有位老太太家中有把上百年历史的老壶，她拿到市场上去卖，要价五钱银子。一位买主出价三两，说过会儿来取。老太太心想，这么一把旧壶三两银子，卖了高价。但里面太脏不好意思，于是把茶山给刮净了。买主回来一看茶山没了，掉头就走，五钱也不买了。李瑞环同志说：香港那么小的地方，能够创造那么多世界第一，是因为香港有自己的特色，需要香港人理解并坚持它。如果像老太太那样妄洗茶山，就有可能丢掉特色，那时，香港的份量就轻了。

看来特色这东西是不能轻易丢掉的，香港有香港的特色，澳门有澳门的特色，内地各省也是各有特色。单以饮食业来讲，改革开放以后，各地名吃“大交流”，谁要想尝尝天南地北某种“名吃”，都会有口福，让你尝个够，那真是过去求之不得的事。但是如何看待特色这东西，也是有不少讲究的。

(1)识“货”是前提，虚心求教是途径

据说，过去有个秘鲁人，住在一个山脚下，他一心想淘金，赚大钱。便不远万里来到邻国，经过千辛万苦，数十年的寻觅，终于找到一个大金矿，经过开采，收益颇丰，发了财。几年后，他衣锦还乡，惊奇地发现家乡的人们正忙着在家门口采矿，原来自家门前的小山上就有金矿。

企业重组后，资源成倍数的增加，人力资源众多，管理资源也雄厚了许多。这方面，我们不能学那个秘鲁人“舍近求远”，更不能不分青红皂白，采取排斥的态度。过去有一句话叫“店大欺客”，是说有的买卖人做大做强了以后，有了老大思想，开始怠慢“上帝”，自我毁誉了。正确的态度是面对送上门来的财富，一律欢迎，博采众长，为我所用。对于急需的，抓紧“引进”，及时采用；对于比较厚重，暂时搞不太懂的，慢慢消化，逐步吸收；有些东西可能不对路、不适合，也不应拒绝，暂时先拿过来，稍加搁置，等到有机会时，再作调整改进。这方面，应向精于搭配的木匠学习，对于一名好木匠而言，即使一块烂木片也不会轻易舍弃，而是用其所长，发挥边角余料的最大作用。

鲁迅先生说过：“泼洗澡水时不要连孩子一块泼掉”。也就是应提高自身素养，会鉴别，会识“货”，有一个善分析的头脑，有一个虚心求教的态度，有一个善包容的胸怀。

大家知道，相容原则是商界人际关系中一条十分重要的原则。人与人之间需要包容，和平共处。整合单位和被整合单位之间的管理财富也需要包容，“兼收并蓄”。应该说，“一个单位做法有局限，两个单位经验欠完善，众多单位的财富大如山”。

过去讲：人无我有，人有我优，人优我变，人变我新。现在“有”的东西、“优”的东西、“变”的东西、“新”的东西都纳了进来，发展壮大自己，岂不是找到了捷径，何乐而不为！

(2)应注意“借重”

人互有短长，你解决不了的问题，对其他人，对被整合的单位可能是轻而易举的，他们也是你的资源和力量。

“借重”实际上是一种职业美德、管理要诀。过去毛泽东同志就提出过“古为今用，洋为中用，推陈出新，百花齐放”的教诲。王小丫主持的电视节目《开心辞典》，每次都要求参赛的选手回答12个问题，如果回答"卡壳"可以请求3个方面的帮助，那就是求助观众、求助亲友、求助删掉一个错误答案。由此可见，人们日常生活中互相提携、互相扶持、互相促进是正常的。善于借助别人的力量，让弱小变得强大，让强大变得更加强大，使自己的成功变得长久不衰，应成为人们的一项重要管理术。

有人可能会问：取人之长与善于创新孰轻孰重，有没有矛盾和冲突？

据报载，历史上确有一个为人共知的传奇故事也提出了这一话题：

刘墉在书法上很有造诣，他博采众长，勇于创新，自成一家。

当时名望一时的朝臣大书法家翁方纲，对刘墉的做法不以为然，颇多微词。他有一个女婿是刘墉的学生，一次这个学生去看望岳父，时值翁方纲正在练字，写的还是他练了一辈子的字体，一笔一划，循规蹈矩。这个学生对老岳父这种食古不化的做法也不满意，于是就拐弯抹角地说："岳父，您和我的老师都是当今的大书法家，但我从未听您评议我的老师的书法，您能谈谈吗？"

翁方纲放下笔，看着他的女婿，不屑一顾地说："你回去问问你的老师，他写的字哪一笔是古人的？"

没想到，这个学生回去还真的去问刘墉，刘墉听后，朗朗一笑，风趣地反诘道："你回去也问问你的岳父大人，他写的字哪一笔是他自己的？"

两位书法家的相互质问，虽然各有各的道理，但孰轻孰重，却泾渭分明。

实际上借鉴和创新是一个事物的两个方面，借鉴很重要，创新也必不可少，过去不少伟人都阐述过二者的关系。

应该说，凡事没有绝对的好和绝对的差，翁方纲有他的道理，他注重借鉴，学习古人，能把传统的东西拿过来，很好地继承，不走样、不改动。不过翁方纲的不足之处，就是不懂"推陈出新"。学习古人也要讲方法，"尽信书不如无书"，古人的东西是很好的，但也不能让古人"牵"着鼻子走，面对老"古董"，弃之不用不对，但生吞活剥、全盘吸收、照搬照套也不合适。正确的方法就是取其精华，弃其糟粕，扬长避短，不断创新。刘墉的书法注重创新，自成特色，是难能可贵的。但书法作为一门艺术，是古今相传，一脉相承的，历史不应割断，在继承基础上加以创新才是一条正路。

(3)应跳出小圈子，拓宽大视野

有的人常常囿于自己的小天地里，自恃老大，自认为一贯"正确"，不知道天外有天，人外有人，不会借鉴他人的东西。一个人的智慧有限，大家的主意无穷。只有将众人的智慧累积，才能更接近正确。当我们看不清脚下的路，有点迷失自我时，我们不妨听听别人的意见，吸取一些大家的智力。靠个人主意决定的事，往往不太周全，不够严密，这时往往需要具有吸取他人意见的雅量，得到更多人的指点和帮助，这样，我们的想法会较为完备，我们的既定目标才能达到。

1963 年周恩来总理在审查音乐舞蹈史诗《东方红》时，畅谈了集中大家的智慧，修改这一史诗的体会。周总理讲："群众有智慧，问题是你要把这些智慧发掘出来，集中起来。所谓多谋善断，'多谋'来自民主，'断'就是集中"。"我说错了，大家议论改正；说得不充分，大家补充；说对的，供大家参考。人不可能不说错话，不做错事，我谈这些问题，就是提倡切磋，造成民主气氛"。

作为一个企业的领导者、管理者应有这样的胸怀，注重客观认识自己，挣脱自我意识的束缚，开大门窗，开阔视野，清醒头脑，懂得自己"论爬山不及老虎，论爬树不及猴子，论踏冰卧雪不及企鹅"。

经验是我们的宝贵财富，记录了我们的足迹，我们常常用自己的经验来鉴别今后面临的事物。但经验也常常会限制我们的头脑，使我们呼吸不到新鲜空气，低估了别人的实践和经历。

我们应实事求是地估价别人，那些被整合的下属企业，整体实力可能不如自己，但他们各有所长，各有千秋。比如有的在企业文化建设上有其高明之处；有的工作环境氛围有让人称道的地方；有些站段在从严治理上有很好的基础；有的企业在富于创新上有很多套路；有的则在启用人才，人才雄厚的程度上无人可与比拟，等等。这些厚重的东西，难道不足以让我们虚心求教，好好吸纳采用吗？

对特色这东西不仅要“纳”，还要“容”，也就是暂且学不来，也要容许、容忍、容存。有人说得好：“我们一定要明白，不要要求别人跟我们一模一样。既是‘别人’，就应该真的有‘别’。我们应克制支配欲，别想用斧凿把人家雕琢成我们的样子。”好比外地的“名吃”，非要做成本地的口味，那就不是“名吃”，就成“杂烩菜”了。

80. 合作互惠，干活不累

据说，一只蜜蜂仅靠自己难以熬过寒冷的冬天，一群蜜蜂则就不同了。据有人观察，蜂箱中的蜜蜂在冬天时，往往会抱成一团，靠密切接触御寒。最外面的一层为工蜂，它们会不断地煽动翅

膀，像厚厚的衣裳一样，抵挡着吹进来的寒气。通过这层严严实实的“隔断”，里面的温度稳定在摄氏 13 度上下，像处在有暖气的房间。

被工蜂“包围”在里面的不仅有蜂王和雄蜂，还有一部分工蜂。它们饥饿时，主要依靠夏天采集来的蜂蜜作为食物。里面的工蜂吃饱了会定时到外面“换岗”，也尽到一份责任。

就这样，蜜蜂家庭顺利地度过了严冬。

在专业化分工越来越细，岗位竞争越发激烈的现代企业里，靠个人英雄主义的单打独斗往往容易“碰壁”、“摔跟头”，一两个人的力量难以应付千头万绪的系统工程，如果把个人的能力和别人的智慧捆在一起的时候，结果就会出现难以想像的状况。

有一个华盛顿合作定律：人与人的合作不是人力的简单叠加。假如每个人的能力都为 1，那么 10 个人的合作结果有时比 10 大得多，有时甚至比 1 还要小。一个人敷衍了事，两个人互相推诿，三个人永无宁日。这种教训也应吸取。

(1)合理组合是成功的一半

合作用一句话来讲，就是个人或群体之间为了实现一个共同的目标，彼此协调互助而形成的一致行动。蜜蜂家庭“过冬”的故事很能说明这一点，它们各司其职，各尽其责，围绕着蜂王，也保护着自己，不偷懒、不耍滑，通过相互依存和配合，使生命得以延续，去迎接第二年春天的到来。

可以说，要想合作好，首先要有一个最佳结构，有一个好的分工，使大家各就各位，种好“责任田”，这应该是组织基础，是“搭”架子的功夫。

新中国成立后，中国共产党由打天下，变为治理天下。如何使那些戎马生涯、战功卓著的老帅们、将军们和民主人士，一展其长，为新中国再立新功，周恩来作为政务院总理是费了一番心思的：陈毅，人称儒将，文能治国，武能安邦，把大上海交给他管理，更能尽其才；贺龙，“两把菜刀闹革命”，戎马生涯之余，喜欢玩玩球，锻炼身体，体委主任再合适不过；傅作义，这位对和平解放北京有特殊贡献的将军，曾在兴修河套工程方面有过施工业绩，由他担任水利部部长，肯定胜任；解放前一直拒绝做官的中国民主建国会主任委员黄炎培，德才兼备，出任政务院副总理兼工业部部长，恰如其分，等等。在周总理的精心安排下，可谓人尽其才，才尽其位，构成了民族振兴的伟大脊梁。这个时期的中国领导层合作共事，业绩卓著，国家发展迅速，是建国后最好的时期之一。

在周总理的眼里，人尽其才，关键是一个“尽”字。不同的人，有不同的才干，要使人尽其才，首先必须给他适合于发挥其才能的职位、任务。古人云：“人才各有所宜，用得其宜，则才著；用非得宜，则才晦”。

按照人才的不同能级，把他们放在相应的岗位上，这是周总理用人的艺术特色。

国家用人是这样，一个企业的班子要形成最佳结构也是这样：你不是统领能力强，能驾驭局面吗？可以让你当站段长；这个人业务素质好，处事果断、迅速，“危急关头不迷糊”，这就是抓安全副职的料；他做事细致，精于算计，善于理财，那管经营肯定是把好手；那个人懂政策，有谋略，会善后，那让他主持党委工作……。

合理组合是第一步，注重引导是第二步，二者有前有后，紧密相连。重用它，是好事；忽视它，会坏事。这个引导，就是在用其长处的同时，约束其短处，抑制其不足。

某铁路局党委部门，准备充实两个新人进来。结果，考察了两个基层车站的干部，一听反映，意见一大推，主要看法是本人“傲气”、“清高”、“刚愎自用”。部门领导问：“人品如何？”回答说：“没发现政治素养方面的问题。”“那就好。政治素养没问题，人傲点儿说明业务素质是比较过硬的。把他拿上来放在机关里，大家都有本事，他就傲不起来了。”领导马上作了决断。事后，领导有了“急茬”的任务，就把他们二人拿去“摔打”；站段安全“管理点”是棘手的活，派他们去碰“硬”；结合部、边缘地带的份外活，有意识让他们去协调，强化他们的合作素养。几年的功夫，他们的长处更长了，短处不短了，很快被派上了用场。

(2)争离不开合作

我们面临的是一个充满竞争的时代，竞争是生物界和人类社会的普遍规律，在市场经济条件下尤其是这样。竞争倡导的是自立、自强，是充分发挥人的聪明和才智，追求卓越，敢为人先，实现个人价值的最大化。竞争的结果是优胜劣汰，使强者更强，使弱者奋起直追，由弱变强，这应该是没有疑问的。

但进一步讲，现在许多工作是一个庞大的系统工程，不少事必须有众人配合才能完成。它不需要过多的单打独斗，拒绝个人英雄主义"独往独来"。它需要共同体，需要团队精神，唯有合作和互助，才能实现双赢，"一荣俱荣"，才能在效率、效益、精神状态俱佳的情况下获得持久性的成功。帮助别人就是强大自己，帮助别人也就是帮助自己，别人得到的东西并不是自己失去的那一份。就好像交警和司机这两个不同的职业，表面看相互对立，实际讲互为依存，没有交警的正确指挥，道路不能畅通，汽车无法运行；没有司机上路行车，交警这个职业也就不复存在。由此可见，我们常常在为别人提供支持的同时，对方也在协助着自己。在竞争中合作是大趋势，不管你是否认识到，它不容否定，不可逆转。

过去有两句讽刺、挖苦人的话，一个是"盲人打灯笼"，一个"瞎子点灯"，实际上嘲笑"人干事不动脑筋，尽做些无用的事。"仔细一琢磨，并非完全是这样：

曾经有一个盲人夜晚走路，总是提着一盏灯笼。许多人看着好笑，有人走上前，不解地问："您有眼疾，行动不便，提着灯笼能管用吗？"

盲人认真地回答说："咋看是没用，天黑别人也看不见路，我打着灯笼，起码是为别人照明，做点善事。实际也是为保护自己，我被撞了，对谁都是个麻烦事"。

现在社会发展了，合作的重要性、必要性突出出来，如果眼睛老盯着别人，嫉妒、排挤别人，那是一种短视行为，是不可取的。人们实现大目标，需要精诚团结；企业要发展、开拓，需要团队精神，因为这直接关系个人或者企业的业绩，甚至生存。

合则两利，离则两伤，就像一个运转着的机器，有框架，有零部件，有燃料作动力，都在发挥不同作用，都在给周围以支撑，以保证正常运行。平常讲的相辅相成、相得益彰可能就是这个道理。

(3)合作需要养成

富兰克林有一句名言："成功的第一要素是懂得如何搞好人际关系"。我们中华民族有许多传统美德，其中重要的一条是提倡合作意识，注意合作素养的养成。古代的词语中关于类似"和"的词汇很多，比如人和、祥和、谦和、和谐、和睦、和为贵、和衷共济、和气生财、家和外顺等等，可见，"和"的理念在大众文化氛围中处在很显要的位置。这是合作的前提。

从古代流传至今有这样一个故事。汉朝时，京城有家田氏三兄弟，多少年一直和睦相处，其乐融融，院内种有一棵紫荆树，也长得花繁叶茂，郁郁葱葱，后来不知为何，三兄弟闹了矛盾，吵闹得要分家过日子，紫荆树一夜之间就打蔫了，树叶也落了一地。兄弟三人见状大吃一惊，悔不当初。当即决定重归于好，不再闹分家了。结果，紫荆花很快又恢复了水灵劲儿。晋代陆机有诗云："三荆观同株，四鸟悲异林"；唐代李白也为之感慨："田氏仓卒骨肉分，青天白日摧紫荆"。

显然，合作意识的养成有强化功效，甚至有泣动天地的能量。那么，探究一下如何提升合作能力就很有必要了。

①善待周边。聪明的人都懂得，自己有一定能力，再加上别人的一臂之力，就可能如虎添翼。一个人如果平时比较谦和，敬业乐群，就会赢得许多朋友，有个好人缘。有困难时，大家会不约而同地来安抚你、帮助你；伙计们有了难事，自己主动伸把手，朋友有了好事，也应理所当然地为他们高兴，对他们祝福。要营造"人和"的周边环境，应常送去及时雨，如对消极的人多鼓励，对窘境的人多帮助，对走下坡的人多提醒，对自卑的人多鼓劲，对失意的人多安慰，等等。这样，一个和谐的小环境就形成了，人人都能在这个环

境里各得其乐。

②管好“顺毛驴”。一般讲，“顺毛驴”是讲有的人有个性、有特点，要多赞扬，不能呛着、逆着。对这种伙计，说话处事得悠着点儿，比如多表扬、少批评；就是不得不批评时，也应讲场合，场合宜小不宜大，个别谈心交心最好。说不足时，也要先扬后抑，把问题放在“但是”之后。布置任务要用商量的口气，委婉一些；颐指气使，发脾气动权威使不得。用长项，这些人往往有一技之长，某些方面有“两把刷子”，这要给他施展的地方，“亮亮手”，事后再肯定几句。只要把这种人脾气摸透了，“毛”理顺了，不愁他不与你友好合作。

③尊重理解为要。这一条是保证成功合作的基本原则。比如讨论问题时，需要耐心听取别人的想法，不轻易打断别人说话，别人讲完后不立即评论、反驳，而是详细了解他人看法的依据和把握，介绍自己主张的主客观理由，尽量吸纳各种意见的合理成分；讨论较为重要的事宜，应先发“安民告示”，让人有所准备，有事先思考的时间，开会时把各种方案摆到桌面上，充分酝酿。这既是对他人的尊重，也是寻求合作的必要前提。

81. 平衡赢得信赖

世界上每一种生物都有一个特点，就是都在追逐一种平衡的状态。花草生长时消耗掉一定的水分，它为了维持自身的平衡，通过光合作用自我调节，改变叶子的朝向，满足需求，以延续生命。

作为企业的职工也一样，他不仅追求生理平衡，也追求思想状态的平衡。一个企业领导如何掌握平衡术，理顺关系，调整情绪，平衡方方面面的状态，应是职责范围内的事。

从现实来看，有不少影响企业领导者、管理者把握平衡的因素：

(1)单位内部有小圈子。同学之间、老乡之间、老同事之间过从甚密，超过了正常限度，平时“抱团”，关键时聚伙，甚至拨弄领导间的关系，影响领导层正确决策。

(2)先入为主。有的人善于恶人先告状,本来是自己的问题,是“源头”,却凭着一张厚厚的脸皮,到领导那里诉说“不幸”。领导则偏听偏信,妄加推断,在脑子里迅速形成一个是非颠倒的错误结论。

(3)形而上学作怪。有的领导者、管理者不懂得事物的复杂性,不去了解事物的全面性,不清楚事情的缘由和发展趋向,常常作出非此及彼,非好即坏的错误判断。实际上无论个人或团体,无论意见、方案或措施,都有他合理的一面,也有不完善的地方,如果把他们合理的成分都吸收过来,就更加完善了。“人如果只有一个主意时,这个主意就容易偏颇离谱了”。“人如果只靠少数人来办事,那离孤家寡人就不远了”。

(4)不会超脱行事。有的问题争议已久,公说公有理,婆说婆有理,实际并无原则分岐;有的本属不同流派、不同门类、不同风格,或属学术之争,都期望领导表态,给自己定定论,让自己一方占有一席之地。如果领导层不分青红皂白,硬要“旗帜鲜明”地断个是非曲直,就会深陷泥潭,失去多数人的信赖。

面对妨碍平衡的因素应如何处事呢?

一是相对超脱,避免给人有亲有疏的印象

这里不妨先读一段周总理“巧评名酒”的故事。

贵州的茅台酒和山西的汾酒很久以来就很有名气，以至在人们心目中成为相提并论的两大名酒，但是这两大名酒一直为“谁先谁后”、“哪师哪徒”而争辩。

据说解放前，曾争到蒋介石那儿，蒋介石把桌子一拍，说道：“天下名酒是一家，分什么师傅、徒弟，娘希匹，只要好喝就行”。

新中国成立后，这两个名酒的“师徒”争执风波又闹起来，最后争到周恩来总理那儿。周总理深知其中奥妙。在1963年的一次全国性会议上，两家酒师分别到会。周总理让他们分别讲讲酒的香型和酿造工艺，又听了一下其他人的意见。然后说道：“琼浆玉液，南北一方，名甲天下；若论先后，数我长江”。总理的话说得很清楚，若论香型、制造工艺二者各不相同，各有特色，一南一北不存在师与徒的关系。若论先后，长江为先。同是长江的子孙，同受长江的哺育，争什么先后高低！周总理在两酒争端上，站在高处，讲在妙处，超然于事件具体争议之外，巧理纠纷，说得大家心服口服。

事情就是这样，一个领导者、管理者如果处在一个是非“窝”里，往往会有些人利用领导的权威和名望，让领导表态支持自己，以排挤别人，打击别人。有的领导者由于自身素质不高，也常常拉拢一帮人，一屁股坐在一个固定的“板凳”上，替人帮腔，为人说话，甚至办丧失原则的事。应该说，作为一方面领导者，遇有下属的争议，应正确把握自己，寻求平衡，对具体争端，洗耳恭听，多方了解，不急于表态；不当传话筒，“见人说人话，见鬼说鬼话”，两边“煽”，两头做好人，幻想坐收渔利，往往结果事与愿违；站位有高度，讲话需适度，要么肯定双方合理成分，提出更为全面的想法，要么从大局出发，从更高的层次概述看法，间接地表达意向，不直接对具体问题谈看法，不当“评判员”。

有一句老话：“掺和是非麻烦多”，这句话看起来是明哲保身，不负责任，实际上体现的模糊处理矛盾的技巧。有些事不属于原则、规定，是细微末节之事，可以不去管他；有些是性格脾气、方式方法的差异造成的，可以不予理会；有些事是小误会、小摩擦，应引导他们自行调节，个别谈心，把隔阂化解；有的矛盾是老纠葛，不可能靠二、三天解除，可以适当搁置。因此，当领导的一定不必“较真”，干出“引火烧身”、费力不讨好的事情来。

如果上级领导成员之间有意见分歧，逼你表态时，更应慎重，不可简单地站在一方立场上否定另一方，应对事不对人，只客观讲看法，不掺合其中的是是非非。

老和尚问小沙弥：“如果进一步则死，退一步则亡，你应该怎么办?”小沙弥毫不犹豫地说：“我往旁边去”。现实中也有这样的范例：

某企业两位党政主要领导，矛盾、摩擦由来已久，常常是一个说东，一个说西，私下意见不统一，会议上有时也争得面红耳赤，搞得班子成员及中层下属左右为难，无所适从。后来调来一位党委副书记，此人出以公心，常常会前分别走访两位主要领导，就会议议题征询看法，如发现意见对立，就适时找出二人意见的相同因素，提出第三个两人都可接受的方案，这样，既避免了不必要的难堪，又提高了工作的推动力，效率自然也有了新的变化。

这样的副职并不多见。他之所以关键时刻能站出来，主要是有公认度，有人格魅力，不偏不倚，具备较高的协调技巧和处理问题的灵活性，而这一点又是建立在高超的领导素养基础之上。不然的话，量他也没有这个胆。

二是注重补台，善于大事化小、小事化了

有位曾任某铁路局办公室主任的领导说过一句很有见地的话：“好话两头传，坏话两头瞒”。就是讲，如果上级领导之间有了矛盾隔阂，作为中层领导要起到中和作用，有利于双方团结的话，要千方百计捎到，“顺情说好话”，让他知道对方理解他，对得起他，起到“开胸顺气”的效果；一人有怨气、有怒气，私下指责对方，作为下属切不可打“小报告”，火上浇油，办推波助“燃”的事。

如果遇到两位上级领导布置的工作从时间安排上有冲突时，要通过自身努力巧摆布，尽量在规定时间里完成，如确有困难可请同事助自己一臂之力，并牢记同事的支持，等到来日回报，形成一个善于联劳协作的人际圈。有时同一项任务不同的领导交代了相悖的处事要求,但实践中,有的办法确实行不通,也不必勉强,是哪位领导布置的,就要坦诚地向其谈自己的看法,予以解释,并提出个人的建议,听取领导新的指点。解释时,只谈个人的看法,不把其他领导掺杂其中,更不可透露其他领导的想法及意图,以免使自己受"夹板气",进退两难。

三是善于权衡协调,把握好沟通的尺度和分寸

"文革"期间发生了所谓"二月逆流"事件,具体情况是在1969年2月周恩来总理主持的会议上,陈毅、徐向前、谭震林等"三老四帅"向江青一伙的倒行逆使发起反击,结果"四人帮"向毛主席告恶状,造成老帅们的处境更加险恶。

周总理要保护"三老四帅",不能让他们个个中箭落马。他心里很清楚,要做到这一点,"解铃还需系铃人"。一方面,他苦口婆心地劝导"三老四帅"讲究策略,暂时退避。另一方面,又向毛泽东主席汇报"三老四帅"正在为"一时冲动"作检讨,他们对毛主席是有感情的,只不过有点居功自傲,对自己的战友们被打倒想不通……,一番用心良苦的解释,取得了毛主席对老帅们的谅解。善于捕捉时机的周总理顺便又把前苏联在中苏边境调兵遣将,陈兵百万的严峻态势向毛主席作了汇报,终于使毛主席改变了对老帅们的态度。随后,毛主席又亲自召见了"三老四帅",并同意让他们与自己一起出席当年的"五一"联欢晚会。就这样,周总理靠自己高超的周旋协调艺术在十分困难的情况下保护了"三老四帅",同时也保护了一大批党政军领导干部。

粉碎"四人帮"后,意大利著名记者奥林埃娜·法拉奇问邓小平:"在中国有这么一个人,他在任何时候都没有被打倒过,这就是周恩来总理"。

邓小平同志意味深长地说:"文革中,他所处的地位十分困难,也说了好多违心的话,做了好多违心的事,但人民原谅他,因为他不说这些话,不做这些事,他自己也保不住,也就不能在其中起中和作用,减少损失作用。他保护了相当一批人"。确实,人民信赖周总理，正是他的“中和”作用和平衡技巧，才使中国避免了更大的损失，躲过了更大的劫难。在毛主席冷静时，他极力进言，靠智慧保护老干部，揭露“四人帮”；当老帅们过分冲动时，他又能靠自己的威望劝老帅们讲究策略，进退自如，不要鲁莽。周总理是全力以赴扶危救困的。在那个复杂、艰辛的年月里，如果没有他的大智大勇，没有他过人的才智，后果将是难以想像的。

这个事例，可以使我们对协调平衡的技巧有一层更深刻的理解：

(1)拒绝“沉锚效应”

所谓“沉锚效应”就是大脑做决定时，特别偏爱事前获得的第一个信息，这一信息像沉入海底的“锚”一样，将人的思维束缚、固定，并排斥其他的任何信息。作为一个企业领导者、管理者应摆脱这一怪圈，拿主意时，把不同的建议、方案等同看待，没偏没向，没厚没薄，获得信息的先后顺序更不能说明建议本身的是非轻重；做决断时，心里要有一杆“秤”，“秤”出问题大概的份量，事前有个不成型的“小九九”，忌讳人云亦云，随波逐流，遇见大家议论纷纷，“头”先大起来，忘了哪边“炕”热；征询、请教下属时，自己头脑里先形成二三个不同的方案，让大家品评、筛选，开阔大家的思维，不可只拿一个方案上会讨论，堵住不同的“嘴”，搞那种假模假样的“民主”。

(2)不凭一时好恶

有个晕圈效应原则，就是从一时的、局部的印象出发，推断出全部好或全部坏的整体印象，像晕圈或月晕一样，从一点逐步扩散形成更大的圆圈。这个原则用在观察、评判人或事上，是有片面性的。

毛泽东同志有一句名言：“看人不可看一时一事，应看全部历史全部工作”。一个人犯点过错，有个把失误是正常的，不可以此就拍板定案或“盖棺定论”。这方面，应善于“忘怀”，人出了点差错，要看客观环境和历史缘由，只要本人本质没问题，又有所省悟，就应既往不咎，随风“吹”掉。

要有量的概念，出现了失误，是一时不慎还是习惯性疏忽；是一般损失，还是有严重后果；功过是三七开，还是七三开，不同的情况有不同的说法，不问青红皂白，一律五十“大板”，不是治病救人的“良医”。

讲究因人因事而别，一个人的问题就是一个人的问题，不可上挂下联；是认识问题要靠教育引导，不能往“故意”、“蓄意”上靠；是好心办错事还是“明知故犯”，不应不加分析，妄加评论，从大“帽子”下边找人。周总理认为，老帅们一生南征北战，功绩卓著；一时“发火”，事出有因，“一码归一码”。当务之急是权衡利弊，保护老干部，减少“四人帮”干扰的影响和损失。周总理的处事艺术，堪称领导协调沟通的典范。

(3)着眼大局，不计恩怨

世界上的事情有大道理，也有小道理，小道理归大道理管着。上下级之间、同级之间出现了疙里疙瘩的事情，应以大局整体为着眼点，能容别人所不能容，能忍别人所不能忍，不能让小是小非所左右。应该说，局部服从全局，次要服从主要，一般服从关键，周边围绕中心，这是天经地义、无庸置疑的事情。但具体到历史的特定阶段、特殊时期，操作起来就不那么简单。

“文革”时，某机务段一领导干部多年来“靠边站”，一直受“冲击”、挨“批判”，干最苦最累的活。各造反组织的“车轮战”，让他苦不堪言，常常是一连几个月不让回家看望妻儿老小。

有一年，到了除夕下午，造反派“高抬贵手”，让其回家过年。他随即来到街上，想买点年货回家，好吃个团圆饭。在那个商品奇缺的年代里，别说已到除夕，就是平时都供应很紧张。转了好一会儿，仅买到一个猪头。不巧，未进家门就遇上了一个过激的小青年“造反派”，“走资派，你还想过年！”小青年一脚将猪头踢飞了。

这位领导虽然怒火中烧，但不得不咬碎牙齿咽到肚里，双手空空地回家。

两年后，这位领导干部被“解放”了，重新当上了段领导。这时，各造反派头头都提心吊胆，预料厄运很快会降临。那个踢“猪头”的小青年更是睡不着觉，认为挨第一“刀”的非自己莫属。

面对“文革”后期百废待兴、派别林立的“烂摊子”，该领导首先想的是团结职工，凝聚人心，尽快把火车开出去，多拉快跑，机务段再也不能瞎“折腾”。

他很快作出了让人瞠目的决定：启用全部被打倒过的领导干部；中层干部妥善安置；3个群众造反组织的头头安排在同一个科室里，分别担任科长、副科长职务。决定一宣布，全段哗然，纷纷赞扬该领导顾全大局，不计前嫌的宽广胸怀和明智之举。这位领导紧接着下车间、上机车，亲自做团结人、激励人的工作。特别还到那个踢“猪头”的小青年家里走访，鼓励他放下包袱，轻装上阵，干好工作，并根据其专长对他的岗位重新安排。

“牵一发而动全身”，时间不长，全段形成人心思治，人心思干的团结局面，延续多年、根深蒂固的派性也像秋风刮落叶一样，一扫而光。这位领导靠平衡协调之术，赢得了人心，赢得了大局，各项工作走在了当地铁路单位的最前列。

可能现在有人对那位领导的做法不以为然，甚至颇有微词。那位领导的做法，现在看可能是过渡性政策，是权宜之计，不可避免地会带有那个时代的烙印。有一句话说得好：“形势决定政策”。在那个复杂特殊的年代里，如果不能超越派别的争端，如果没有过人的胆略和超人的魅力，如何拯救铁路，如何尽快解除那场劫难，使各项工作尽早走向正轨，那是难以想像的。

时代的脚步是渐进的，我们不可能脱离时代的背景，去要求过来人去做超越历史的事情。再说弯子也是需要慢慢转的，没有当时平衡协调的过渡性做法，时代的列车可能要翻车掉道的。

82. 细微之处见高低

有人说，攀越高山峻岭有危险，但实际上从高山之巅跌入山涧的并不多，而遍布各个山坡的小荆棘、小树棵子，却常常刺破人的手脚，造成血流不止。

也有人讲，吃鱼时，不怕鱼的脊骨，因为它并无锋芒，不易扎伤喉咙，但那些小刺却很讨厌，一不小心就会扎进嗓子里，轻则忍着疼痛，吞几大口馒头，将刺儿一块咽下，重则上医院，求大夫处置。

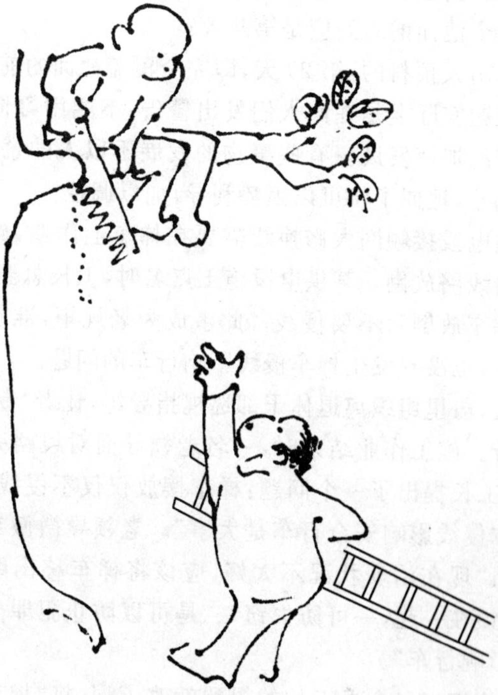

人生旅途实际也是如此，大的磕绊并没有几次，但有些细微末节却很“缠手挠头”，弄不好还会积小为大，积少成多，形成大的绊脚石。日常生活中，如何处理那些琐碎细小的事务，实际上常常要费些思量和脑筋。

(1)“见微知著”，小处不忽视

领导层、管理层经常挂在嘴边的一句话，是从大处着眼，从小处着手。意思是说作领导的一方面应登高望远，胸怀全局，有一定的远见卓识，另一方面，又需要明察秋毫，眼光锐利，从一点一滴做起，具备前瞻意识和务实精神，在处理细节问题上不含糊，不敷衍。

不妨先读一个法国的“莲叶难题”：

人们熟悉的莲叶浮于池水水面，其面积每天以增加一倍的速度蔓延。据生物学家警告，如果莲叶把整个水池严密覆盖，在池中生存的鱼类就会窒息死亡。假如莲叶在第30天覆盖池面，那么，莲叶覆盖半个池面的时间应是第几天？

答案是出人预料的：第29天，即完全覆盖池面的前一天。

这一难题实际上是在向人们发出警告：不能用习惯性思维看待有些细节的加速发展。有些事物的发展不以人的意志为转移，忽略了会吃亏，把握了将可以因势利导，加以调控。

铁路供电段接触网大修换线需要在梯车上作业，施工完了再将梯车移出线路放倒。某供电段施工点名时，工长总要提醒一句：施工结束梯车放倒后不要侵线。此事成为老规矩，谁也没有考虑有什么不妥，也没有发生梯车侵线影响行车的问题。

有一次，段里组织离退休干部巡视指导组，让老“专家”对小青年搞传帮带。施工作业结束时，一名老领导面对线路旁梯车楞了半天神，向工长提出了一个问题：梯车摆放仅仅不侵线就可以吗？工长回答：“侵线影响安全行车是大事”。老领导微微皱了一下眉头，告诉他：“现在治安状况不太好，应该将梯车移出线路集中存放，用链条锁在一起，一可防失窃，二是可以防止犯罪分子用梯车作障碍物影响行车”。

很快，施工点名会上工长的提醒就改了词，将“梯车移出线路不得侵线”，改为“梯车移出线路集中加锁存放”。

显然，“见微知著”首先是个“见”字，对细节要看在眼里，记在心中，眼开眼闭不行，熟视无睹更使不得。特别应长着一双明察秋毫的眼睛，不管是明的还是暗的，是有形的还是无形的，是眼皮底下的，还是犄角旮旯的，都应尽收眼底。不仅要“见”，而且要“见”清，有时不妨要多问一句，多走一步。看不清时，要会用“望远镜”、“放大镜”，就是借助群众眼光，借助科技手段。只有看得清，才能心中有底，有的放矢，确定下一步怎么走。其次，就是“知著”，需要以小见大，“一叶知秋”、“窥一斑而见全豹”，认准发展趋向，看清蔓延速度，知晓明日后果，预想在先，预测在前，明了“小心驶得万年船”的道理。法国前总统戴高乐有一句名言：“我是为后天的报纸准备政策的”。领导者、管理者看问题如果能深谋远虑，有提前量，能适应顺应潮流,那还有什么可怕的?!

(2)关注细节,抓小防大

老子有一句告诫:天下大事,必作于细。在领导者、管理者的日常经历中,经常可以发现这种情况:有些大事,大家特别关注,人们用心去做,集中精力去做,往往会化大为小,效果显著;有些细微末节小事,大家关注度不够,思想懈怠,忽略忽视,反而由小变大,最后酿成大祸,难以收拾,成为惨痛教训。因此,在领导科学的辞典中,就有了举重若轻、举轻若重之说。

在现在这个大环境里,应懂得大与小的辩证法,要想把事做好,做牢靠,特别多关注一下细节,尤为必要。

周总理是一个举轻若重、关注细节的伟人。据报载,凡有毛泽东主席要出席的一些重大场合,毛主席要坐的椅子,总理先要坐一坐;毛主席要路过的地方,总理先要走一走。就连坐飞机的权利,也是因毛主席1956年乘飞机遇到过一次险情,事后被周总理无情地"剥夺"了。

美国总统尼克松1972年访华期间,周总理专门到上海看望了美国国务卿罗杰斯。当周总理发现罗杰斯等住在锦江饭店十三层时,马上意识到这是接待人员的疏忽,因为西方人最忌讳"十三"。当周总理走进罗杰斯的套间,官员们都站起身来,但笑得很不自然。先说了几句寒暄话,然后,周总理说:"有个很抱歉的事,我们疏忽了,没有想到西方风俗对'十三'的避讳"。"我们中国有个寓言,一个人怕鬼的时候,越想越可怕,等他心里不怕鬼了,到处上门找鬼,鬼就不见了。西方风俗的'十三'就很像中国寓言中的'鬼'。"说得在场的人们哈哈大笑。周总理的幽默,使来宾消除了误会,也赢得了友谊。后来,罗杰斯成了中国的好朋友,曾多次来华访问,至今仍对中国人民怀有友好的感情。

周总理过去经常告诫外交部:外交无小事。他在对外交往中,将高度的原则性同巧妙的灵活性相结合,特别在处理一些细节问题上,得体得法,游刃有余,成了举世公认的谈判高手。

可见,对细节粗不得,"小事"不可轻视。人生中大事往往是小事积累成的，好比一台机器有几百甚至上千个零件，如果一个零件是废品，有可能影响整台机器的运转。过去有一句话讲“一颗老鼠屎坏了一锅汤”就是这个道理。这里有个“蹄铁效应”的典型案例：

美国学者维纳写过一个民谣：钉子缺，蹄铁卸；蹄铁卸，战马蹶；战马蹶，战士绝；战士绝，战事折；战事折，国家灭。

民谣是讲古代某国，飞马传书，因马掌缺了一个钉子，造成马掌脱落，战马跌倒了，战士被摔死。因战士牺牲，信未送到，造成战争失利，最终导致了国家的灭亡。

把缺钉子同国家灭亡划等号，许多人会不相信，认为风马牛不相及，或者是牵强附会，强拉硬拽。实际上，事物发展趋向必然的因果关系、连锁反应和大小演变导致了惨局的发生。国外历史上不是还有错译战事电报一个字，造成一场战争爆发的真实故事吗？

纵观铁路许多大事故的发生，不少是由于对小隐患、“小苗子”视而不见，疏于管理，侥幸心理作怪，最后发展成大的祸患，责任者醒悟后，悔不当初，甚至痛不欲生。这应了一句俗话：大江大河好过，小河沟子翻船。

对细节的处置、化解也要讲方法：

①拿事当事，小题大做。对当事者晓以利害，用案例教育他，用教训敲打他。比如开个现场会，让他介绍一下问题的来龙去脉，大家讲讲是非利害，管理者讲评处置方式方法，最后得出抓小防大、抓早防出的结论，当事人一看，周围这么重视“小事”，今后处事态度就会认真起来。

②不给蔓延、演变的机会。不良的“小苗子”，露头就掐尖，溃堤的蚁穴，一发现就堵塞。“马大哈”、“二姑眼”是衍生不良细节的温床和源头，对这类人物要有人盯，有人防，“群防群治”，综合治理。单位同其家庭常沟通，班前不给气生、不给酒喝，不带着疲倦上班；车间与其同班常联系，察言观色看“饭量”，关键处所提提醒，易迷糊时段“唠唠嗑”；依靠骨干把住关，班前给其讲要领，班中帮其抓症结，班后不忘再巡视，拾遗补缺，勤理善后。

③艺术化解，不结“疙瘩”。出了问题，要方法、结果两相顾。

场合不同，方法也不一样，私下找当事人谈，态度要严肃，说理要诚恳，找不到原因、接受不了教训不能轻易放过去；众人面前说“事”，可以“调侃”一下，幽他一默，像周恩来总理同罗杰斯讲“鬼”故事一样，让人听出话外音，感受话中理，既不使责任者难堪，结下“疙瘩”，又能使众人在谈笑中悟出点门道来。

(3)细微处识人才，“一滴水见太阳”

古人云：“小事了了，大事未佳，”“一屋不扫，何以扫天下”。的确，看一个人对待小事小情的态度，可以判断出他综合素质的高低厚薄来。诗人流沙河有一句话很耐人寻味，他说：“欲判断某人的文明程度，需要相处3天；欲判断某个城市的文明程度，只需要乘公交车3分钟便够了。”

诗人流沙河判断人只需要3天，实际上还有更短的。我与一个转业入路的老排长搭过几年伙计，后来他当上了局人事处副处长，他说：“我只要观察一下一个兵入伍第一天和退伍那一天的表现，就能知道他的性格，猜测出今后他有多大作为。”我反问道：“能有这么灵吗？”“那当然。入伍第一天，我看他如何干杂事的，比如打扫卫生，如果他不仅大面上能扫干净，就是连犄角旮旯也不放过，肯定是一个细心、认真、干事踏实的好兵；如果他东一扫帚西一扫帚，光干眼皮底下的活，角落里脏土、杂物都不肯收拾，那他一定是缺乏耐心，干事敷衍草率的人。”

“到了退伍那一天，我则检查战士的宿舍，谁的被子仍然有角有棱有型，说明这个人处事严谨，一丝不苟，慎终如始，今后会有大的作为；如果谁人未走，被子先变了型走了样，‘窝窝囊囊’的，那肯定是他精神状态、素质修养的影子，说明他办事得过且过，缺乏恒心，将来难有大的发展。”

老排长话不多，说得在理；扫地、叠被子活不大，反映的是素质和境界。

启示一，细节背后是“大节”

有人说：“知道看人背后的，是君子；知道背后看人的，是小人”。所谓看人背后，就是看这人在上级领导不在场时怎么样，单枪匹马处理细小问题时表现如何，这时的状态是真实的，是本质的，体现的是综合素养，反映的思想境界。这就告诉人们一个道理，办事要人前人后一个样，大事小情一个样。为人处事聪明一点是允许的，但不能聪明过度。不然的话，“聪明反被聪明误”，吃亏的还是自己。

启示二，处细节要细致

据报载，钢铁大王的处事态度很能说明这个道理：

一个年轻人到某公司聘临时职员，工作任务是为这家公司采购物品。招聘者经一番测试后，留下了这个年轻人和另外两名优胜者。面试的最后一道题目为：假定公司派你到某工厂采购2 000支铅笔，你需要从公司带去多少钱？

第一名应聘者的答案是120美元。主持人问他是怎么计算的。他说，采购2 000支铅笔可能要100美元，其他杂用就算20美元吧。主持人未置可否。

第二名应聘者的答案是110美元。对此，他解释道：2 000支铅笔需要100美元左右，另外可能需用10美元左右。主持人同样没表态。

最后轮到这位年轻人。他的答卷写的是113.86美元。这位年轻人说：“铅笔每支5美分，2 000支是100美元。从公司到这个工厂，乘汽车来回票价4.8美元；午餐费2美元，从工厂到汽车站为半英里，请搬运工人需用1.5美元，还有……因此，总费用为113.86美元。”

主持人听完，露出会心的一笑。这名年轻人自然录用了。这名年轻人就是后来大名鼎鼎的卡耐基。

卡耐基的成功之处在于对细节的态度。别人认为尾数不起眼，可以忽略不计，但卡耐基认为，人不理财财不理人，在经营管理业务过程中，认真的态度就是关注尾数，尾数多了就是大数。善于积累尾数无疑是管理巨匠的品质之一。

启示三，善待细节是成功之道

西方有个谚语：“伟大乃处处注意细节的积累。”实际上，人生发展有个定律：一个锁链，最脆弱的一环决定其强度；一只木桶，最短的一片决定其容量；一个人，素质最差的一面决定其发展。铁路最大的链条是车、机、工、电、辆、供水电，一环脆弱，链条则废。每个系统、每个单位、每个车间科室、每个班组工种，又有无数个大大小小的链条，链条又有链环的材质、强度、接续等无数个细节，只有我们关注了每个小的细节，才能保证大的细节；大的细节好了，又能衔接牢每个环节；环节的坚固才能保障每个系统的正常运转；系统的安全才能保障铁路大联动机的万无一失、长治久安。这样，细节的积累就构成了一条成功之道。

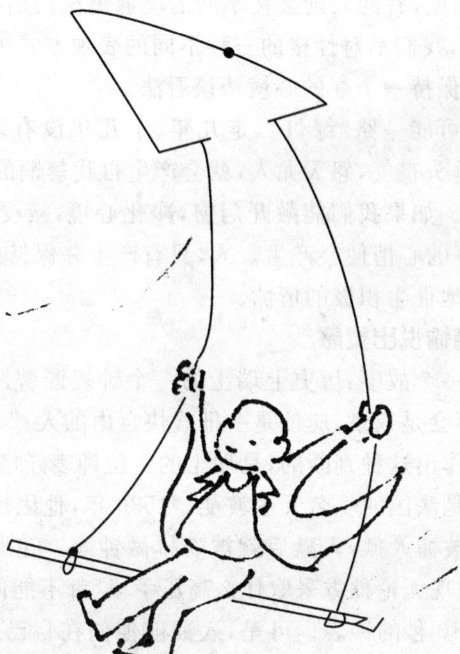

83. 好心态才能出"精品"

一个哲人提出这样一条论断：一个人的性格会从 3 个方面表露出来，饮酒方式、花钱方式和愤怒方式。

一个能自律的人,怎么会醉后发酒疯呢?

一个善自制的人,怎么会浪费资财呢?

一个自强之人,怎么会随便发怒呢?

如果一个人容易发怒也容易息怒,他的所得会被所失轻易地抵销;一个人发火不容易消火也不容易,他的所失也会与其所得相抵。但是另有一种人却有智者的风范:他不易被激怒,但一旦发火却很快能将火气驱散。康德有一句断言:“知道自己正确而能沉默到底的人,他的力量是多么强大”。

有人认为,有素养的人,在顺境和失意的时候能表现得豁达、从容和低调;相反,有的人则会在不同的境遇里反映出种种的失态。

在这里,我们不对性格的三种不同的表现方式进行具体分析。单从如何能保持一个好的心境谈谈看法。

人生不可能一路“绿灯”,走几年、十几年没有弯道,没有坎。有了挫折,垂头丧气,怨天尤人,就会产生自我禁锢的感觉,自然会找不到出路。如果我们能敞开门窗,净化心境,接受阳光的照耀,那么,一个好的心情便会产生。人,只有产生并保持良好的心境才会更多更快地催生积极的情愫。

(1)心情愉悦出灵感

有这样一个故事:历史上瑞士的一个钟表匠曾断言:“金字塔的建造者,不会是奴隶,应该是一批欢快自由的人。”

第一个作出这种判断的,是瑞士的一位钟表匠塔·布克。

布克原是法国的一名天主教徒。1536 年,他因反对罗马教廷的刻板教规被捕入狱,入狱后就被安排做钟表。在那个失去自由的地方,他发现无论狱方采取什么高压手段,都不能使其制作出日误差低于 1/10 秒的钟表。可是,入狱前他们在自己的作坊里,都能使钟表的误差低于 1/100 秒。

为什么会出现这种情况呢?起初,布克把它归结为制造的环境。后来,他们越狱逃往日内瓦后,他才发现真正影响钟表准确度的不是环境,而是制作钟表时的心情。

他之所以能得出金字塔的建设者是自由人的推论,就是基于他对钟表制作的那种认识。金字塔这么大的工程，被建造得那么精细，各个环节被衔接得那么天衣无缝，建造者必定是一批怀有虔诚之心的自由人。很难想像，一群有懈怠行为和对抗思想的人，能让金字塔的巨石之间连一片刀片都插不进去。

(2)创造身心和谐的状态

①营造家的氛围。企业领导者经常告诫自己的职工要爱段如家。不过，在发出这样的告诫之前，领导者管理者应在建家上下功夫，营造家的气氛。比如要像家一样温暖，富有人情味，彼此感情相投，相互依存，相互信赖，相互支持，当“头”的说一句贴心话，让人有“良言一句三冬暖”的感觉；提出一个小目标，让人家不辞劳苦为之奔波；要开展一项活动，员工能踊跃参与。也就是要提供一个最佳的工作环境，让大家各得其所，各有其乐，有自己的一个自由天地，可以忘我地处事。

②培养团队精神。过去有人讲，中国人一个人是条龙，十个人是条虫。这有历史根源，有的人“内战内行，外战外行”，习惯于搞“内耗”。对此，应反其道而行之，团结上下左右，倡导团队精神。日常善于寻找每个员工的积极品质。一个团队中，每个人都有不同的长处和短处，优势和缺项，你应该学会寻找其他成员优点，借鉴人家的长处，补充自己，锻造自己，并让自己的缺点和不足尽快消失。团队强调的是协同动作，联劳互助，不是时时处处靠指手划脚、强迫命令行事，所以有一个融洽的工作气氛很重要，它直接关乎工作效率的高低。如果每个成员都很在意团队这个整体，很注重在别人需要时伸出手去帮一把，同时又能得到他人的关照，大家的精神劲就不一样，工作就会很顺畅，能够出效率、出效益、出质量。

③孕育健康的心态。人生的成长过程，就是人格不断完善的过程，有一个健康、积极的心理素质必不可少。翻开历史上伟人成名的历史，就会发现古今同理：心态决定一切。健康的心态就是冷静、现实、客观，能脚踏实际，从容地面对一切；健康的心态能敢于直面挫折和失败，积极寻找改变逆境的钥匙，跨越危困的基石；健康的心态有一个好人缘，善于自助，赢得他助，敬业乐群；健康的心

态富有感召力，凝聚人心，吸纳民智，协调上下左右。健康、向上的心态，会引导你走向成功，走向卓越和辉煌；消极、低俗、灰色的心态，会使你苟且偷生、一蹶不振。

健康心态的培育是个潜移默化的过程，需要耐心，需要技巧，也需要互动。比如要用情感影响，用事实说服，用榜样示范，用激励鼓舞，用方圆之道塑造。

在健康、积极心态的塑造上，又有直接、间接之说，春风化雨、丝丝入扣的谈心、走访、疏导、演讲、报告等，能引人奋发向上，使人热血沸腾，给人淙淙暖流，那是直接；一部好的小说，一个富有主旋律的电视剧，一首高亢、悠扬的曲目，一个感人至深的故事讲述，都会陶冶性情，触及心灵，悟出利弊，这是间接。无论直接间接，无论哪种形式，对人健康心态的孕育都是有所帮助的。

(3)希望属于勇于进取之人

有一句老话：天才来自勤奋。还有人说过一个富有哲理的话："态度决定结果"。不少事实都印证了这一道理：

大家都知道中国当代作家史铁生，他 1972 年瘫痪，1980 年又患急性肾衰竭。他在 3 年里，每隔两天就要去医院一次，是"透析"让他维持生命。他强忍病痛，靠毅力同病魔作斗争，精神稍好点儿，就笔耕不止。几年下来，好几本书摆到读者的书架上，如《病隙碎笔》、《命若琴弦》、《我与地坛》等等。

还有英国的物理学家史蒂芬·霍金，他的事迹更让人叹服。他年轻时得了"运动神经细胞病"，造成后来全身瘫痪。他的脑袋整天垂着，据说要费很大的劲，才能抬起一点儿。他的双臂只有右手的食指、中指和无名指能活动。他靠惊人的难以想像的毅力，创建了"黑洞理论"学说，引发了宇宙理论的新思维。《时间简史》、《果壳中的宇宙》，都是他在轮椅上完成的名著。他说，自己只是做了该做的事，感谢上苍的恩赐。最近，他又提出了一个愿望，打算在有生之年去太空旅行。

第一，诚恳的鼓励不可少。

人的种种行为，特别是其进取之心，构成了一个人的生命态度。无论他从事什么职业，无论他以前是否有什么业绩，美好向上的人生态度，会给他带来希望。

拿破仑曾记述过他受到继母的慈爱，并从中获得鼓励和信心的故事。

拿破仑说，有一天，我的父亲宣布：他即将再婚。我们大家都很担心：我们的新"母亲"是哪一种人。我本人断然认为即将来到我们家的新母亲是不会给我一点同情心的。这位陌生的妇女进入我们家的那一天，我父亲站在她的后面，让她自行对付这个场面。她走遍每一个房间，很高兴地问候我们每一个人。当她走到我面前时，我直立着，双臂交叉着叠在胸前，凝视着她，我的眼中没有丝毫欢迎的表露。

我的父亲说："这就是拿破仑，是希尔兄弟中最坏的一个。"

我绝不会忘记我的继母是怎样对待他这句话的。她把她的双手放在我的两肩上，两眼中闪耀着光辉，直盯着我的眼，这使我意识到将永远有一个亲爱的人。她说："这是最坏的孩子吗？完全不是。他恰好是好些孩子中最伶俐的一个，而我们所要做的一切，无非是把他所具有的伶俐品质发挥出来。"

我的继母总是鼓励我依靠自身的力量，制订大胆的计划，坚毅地前进。后来证明这种计划就是我的事业的支柱。我决不会忘怀她教导我"当你去激励别人的时候，你要使他们有自信心。"

我的继母造就了我。因为她的深厚的爱和不可动摇的信心激励着我努力成为她相信我能成为的那种孩子。

可以想像，对一个心存猜疑的人的鼓励，都这么有效，作为企业的领导者、管理者更应饱含善待之心，对待每一个职工。当他初来乍到时，欢迎他到新岗位上班，一句问候，一个微笑，一个善意的举手投足，都会给人愉悦，给人力量，使他对未来抱有莫大的期待；当他们有了进取之心、发展之志时，即使很天真、很微小，也应适时给予肯定和认可，启发他们，诱导他们，校正他们，使其更好地把握方向，调整目标，加快脚步；他们一旦稍有差迟，碰了"钉子"，不宜有任何怪罪埋怨的举动，而是循循善诱，多加安抚，用自己过去的经历，安慰他们，告诫他们，让其振作精神，重振旗鼓，以更坚定的信念面对未来。

第二，给足发展机会。

有一句话说得很实在：给钞票不如给手艺。还有一句话讲，授人以鱼不如授人以渔。在当前到处都充满知识、需求知识的时代，有一个好的能获得知识需求的机会显得特别必要，如果一个职工经常能进行必要的知识更新、技能更新，能看到来自四面八方的信息，他的能力需求会得到极大满足，会有持续不竭的前进动力。正像一位西方总裁讲的：领导者应创造赋予人的力量，提供人们实干的条件和环境。

一个企业领导，类似的思路需要充实和调整：

①把培训机会作为一种奖励手段来使用。哪些职工表现突出；哪个是技术能手、业务尖子；哪些人有潜力有发展后劲；哪个人才今后在新产品攻关上应提前有所考虑。这些人员要经常在脑子里过一过，择优安排，择善而行，让其他人看清领导的用人套路，以调整自己的发展方向。

②系统考虑单位培训规划。适应性培训如何体现填平补齐、拾遗补缺；学历类培训如何同企业发展方向合拍对路；专业性培训同哪些培训机构挂勾，既节约成本，又能快出、出好人才等等。

③提升企业内部培训的档次。强化教育机构的地位、职能，优先考虑培训师的深造计划，提高他们的质量品位，为企业员工整体素质的增强奠定基础。

其三，善于“挑剔”是爱心的体现。

几年前，纽约某广告商受聘为劳斯莱斯的新款车设计形象宣传广告。为了突出新款车加速性能好、发动机噪声小的特点，他想出了一句别致的广告词——“加速到60迈，车里最大的响声来自仪表盘的指针。”

人们看了都夸这句广告词既别出心裁，又充分体现了劳斯莱斯这款车的特性。

第二天，广告商便向劳斯莱斯的高层主管们展示了自己的得意之作。但主管们没有露出欣喜的神情，相反他们忧心忡忡地议论说："咱们得想办法解决仪表盘的噪声问题……"

有一位企业管理者说过一句有见地的话："推销商品之前先推销自己的人品"。这个"人品"指什么？我认为包含员工素质、企业形象、诚信美德、产品质量、售后服务等等。这里面，员工素质和产品质量占有重要位置。要提高员工素质、产品质量，应把握3条：

一是"恨铁不成钢"之情。要用积极的态度待人，千方百计地帮助他、千辛万苦地培育他，营造"炼钢"的氛围，提升锻造的"炉"温，有一颗倍加呵护的心扉，缩短出"炉"周期，增加纯真度。

二是善于"吹毛求疵"之道。只要你长就一双慧眼，"鸡蛋里也能挑出骨头"，"眼睛里也能挑出沙子"。

三是精通精益求精之理。技能无止境，创新无止境，一个勇于在发展之路上攀登的人，不会停滞，不会满足，不断跨越一个又一个高山之巅。一个求上进的人永远对自己的工作不满足，对个人的成就标定得很高，对周围的万事万物十分敏感，不轻易放过任何锤炼自己充实完善自己的时机，能随时找出同理想模式的差距，并善于超越他人，超越自己。

(4)机会留给具备综合素养者

这几年，名目繁多的考试举不胜举，有考研、考博、律考、职称考，还有公务员考试、新职员考试、晋升考试等等。从内容上讲，有侧重考难度的，考知识面的，考熟练程度的，考实践能力的，考综合素质的。这里，有一则见诸报端的真实事例：

某公司要聘用一个部门经理，该公司董事长亲自压阵，在幕后指挥。几天来，面试了不少青年才俊，但是，没有一个能过他的关。董先生是留英博士，董事长看了他的书面材料后，面无表情地给了他一张名片，通知他凌晨两点直接去他家考试……

董先生凌晨两点准时按响了董事长家的门铃，却未见有人来开门。难道董事长忘记了约定？但他还是坚持等到早晨七点钟，董事长才让他进门，并且也没做什么解释，一落座，董事长就问他：

"你会写汉字吗?"董先生微笑着说:"会。"董事长拿出一张白纸说:"请你写一个博士的'博'字。"董先生写完了,却等不到下一题,疑惑地问:"就这些吗?"董事长满意地看着他,欣然回答:"对!你通过了考试。"

两年后,董事长快退休时,有意再提拔董先生。这次,他开门见山地说:"你一定还在想上次那个奇怪的考试吧?其实很简单。作为一个留英博士,你的聪明与学问一定不是问题,所以我考其他更难的。比如牺牲的精神,我要你牺牲睡眠,半夜来参加公司考试,你做到了;我又考你的忍耐,要你空等5个小时,你也做到了;我又考你的脾气,看你是否能够不发作,你也做到了;最后,我考你的谦虚,我只考一个小学生都会写的字,你也认真地写……"

这里面起码包括3层内涵:

启示一:知识不可偏废。大千世界,学问林林总总,各种知识、学问间专业分工越来越细,联系、互通之处也越来越多,理论和实践的沟通衔接也更加紧密。学理科的,也应懂一点工科;搞自然科学的,也需要了解社会科学。过去常讲的"一招鲜吃遍天"的说法同现实的社会需求往往不合拍,拥有多方面的知识和素养是难能可贵的。

启示二:过好"课本"外的考试关。企业不需要"高分低能"的学习尖子,它更强调的是实践、是应用,是不设考场的考试,不论你在职业生涯的哪个阶段,学习"充电"的脚步都不能稍有停歇,要把工作当作学习的第二课堂。对于企业来讲,你的知识储存是最有价值的宝库,你只有善待自己,个人的本领才不会落在时代的后面。只要你长就一付有准备的头脑,注重综合素质求宽,实作本领求高,能够在市场经济的商战中摔打自己、赢得对手,你就是合格者、优胜者。

启示三:过硬的精神状态不能忽略。现代企业需要的是复合型人才,渴求方方面面都过得硬的领导者、管理者。没有牺牲精神,不能成大器;缺乏忍耐力,难以抵挡市场竞争的"弱肉强食","狂风暴雨";不具备成熟的性格,不可能纵贯横通、应付自如。总之,好心态出精品,硬本领担大任。

84. 讲究进退的技巧

在企业转轨变型的年代，领导者、管理者面对的挠头棘手的事很多，不少事情由于改革发展期间政策不明朗或有空白，不能简单地说好说坏，有的运行趋向明晰度不够，不应采取完全肯定或否定的态度。企业的大事小情千头万绪，有些虽然没有确定性的说法，但也有不成文的方圆之道需要人们去探求和把握。因此，作为企业领导者、管理者必须会周旋，知进退，懂模糊，巧拒绝，策略地处理人和事。

(1)承诺守信是美德

古代有一则守信的事例：汉灵帝末年，华歆和王朗一起乘船逃难。有一个人也同样面临危难，想搭一下船，华歆很为难，不知如何处理。王朗则一口应承下来，并对华歆说："面临灾难，你大度一点，不就是一起乘船吗？"

不一会儿，歹人追来了，王朗这时却想把那个搭船人中途抛下。华歆说："我刚才犯难，就是怕累赘。现在既然已经收留他上了船，就不应面临危难弃之不顾。"

就是现代也有大度守信的故事：1952 年"五反"时，政府对民族工商业的政策已公布。当时，上海有 72 家较大的工商户需要"处理"。那时上海最大的民族工商户是荣毅仁，已发现他有些问题，市长陈毅等人的意见是定他为基本守法户。报告毛泽东主席后，毛主席说，何必那么小气，再大方一点，划成完全守法户。结果一经宣布，在上海、在全国影响了一大片，许多人称赞共产党富有雅量、卓识。

作为领导者，允诺要办某件事情，就要言必行、行必果，信守诺言，千方百计去办。如果办不到，提前不要随意答应别人，以免失信于人，使自己的形象大打折扣，信赖度会大大降低。

有些情况不能同政策简单对号，只能看大概合适，就应果断拍板，明确承诺，亮明自己的态度，给对方一个定心丸。

也有的事物因处在动态变化中，事情发展趋向和程度有时不可避免地同原来的表态出现细微出入，这时也应看主流，看大节，看实质，只要没有原则、方向方面的差错，就应维持原有结论，信守以往的诺言，以推动工作，赢得人心。

(2)说话讲究弹性，懂策略

①说话宜缓不宜急，给准确判断留足时间。有一句老话：病从口入，祸从口出。可见说话不当会捅漏子、出乱子。领导者、管理者不是神仙，他面对的是成百上千的职工，"一样米养百样人"，同一件事有上百个说法上千条想法是很自然的，你纵有"十八般武艺"，也难以了解人人时时事事的来龙去脉、子丑寅卯，你必须扑下身子，到群众中去，施展你的调研功，摸清底细，了解真伪，然后才有发言权、定夺权、导向权。不然的话，匆匆忙忙发议论就会出偏差、出乱子。

②不可信口开河，应据实而发。领导者说话不可随心所欲，无所顾忌，其角色定位决定了领导者必须持重练达，"唯实""据实"，不能超越原则政策，不可超限出圈。

③不越权许诺，应言不离"位"。你当什么官，就相应地有什么职能，职能本身就是一个圆，圆有圆心，说话做事应围绕圆心，适当外延。不可无限度延伸，不管遇什么事，都"顺情说好话"，胡乱许愿，开"空头支票"，使同级主管难堪，导致事情难以收拾。

④鲁莽不可取，说话要点到为止。说话前必须了解问题的真正含义，问话对象的意图打算，择机行事。话不可早说，防止时机不成熟；话不可晚说，重复唠叨没份量；话不应多说，以免被揪住小辫子。讲话应讲到点子上，"话不在多，鲜活则灵；文不在长，绝妙就行。"

(3)处事讲究"火候"，会周旋

古人有一句话："事事难易，不在大小，务在知时"。就是处事讲火候，把分寸，注意"适度"，体现有理、有利、有节，做到圆满周全，追求较理想的效果。

①学会"冷处理"。有个社会学家认为，矛盾和纠葛像个大气球，里面的气多了容易爆炸，空气太热了也容易爆炸，如果适时释

放一些气体，或冷却一下空气，就可以防止意外。人们认识有些事物需要一个过程，在认识之前，往往会各执一词，认为真理在自己一方。这要给对方一个转弯子的时间，让事情降降"温"，用事情发展的过程和结局，引导他们改变看法。"斗转星移"，"时过境迁"，有些事的本来面目就清楚了，再回过头来去处理就省去不少口舌，容易多啦！

粉碎"四人帮"后，大量的"文革"遗留问题需处理。比如干部历史问题要甄别；冤假错案要平反；理论观点要澄清；参与打砸抢的人和事要查清等等，但由于极"左"思潮还远远没有消散，解决起来确实要费时日。这时不少"老大难"的人和事，都采取"冷处理"的办法。结果，很奏效，"让未来告慰历史"，不久就一一澄清解决了。

②不登"前台"。有些问题的处置领导是不宜先出面的，应授权下属打头阵，探明情况，同有关方面进行交涉，交涉清了，领导"乐观其成"；交涉不成，领导再亲自出马，这就有了周旋的余地。比如铁路行车单位发生一般性事故，责任认定往往费周折，因为事故原因多是一系列违章所致，责任都有一份，谁主谁次，谁大谁小，少不了要打"嘴"官司。这时，站段主要领导不必立即出面，可先授权下属前往，"当面锣对面鼓"地呛呛一番，原因有了些眉目，主要领导再"露面"不晚，属于本单位责任痛快地担下来，实实在在地反省自身；主要责任如果不属自己，也应严于律己，检查存在的过失。这样，单位双方主要领导既不失脸面，也解决了争端，避免了彼此间的难堪。今后"低头不见抬头见"，再打交道就方便好处多啦！

③不包办代替。有些事情的职责范围是下属，领导不必事必躬亲，或自充"高明"，先指手划脚、呜里哇啦地作指示，谈看法，应顺理成章地交给下属，"逼"他一把，让他开动机器，动动脑筋，拿出自己的意见来，这样，既贯彻了逐级负责制的原则，又发挥了下属的主观能动作用，下属的办事能力、工作经验自然就会有长进。

有些事情事关全局，做领导的义不容辞。但当助理、作秘书的，也有参谋之责。遇有这种情况，也应让下属先拿出意见，提想法，以提升站位高度，增强谋事之道。然后，领导再对其意见指点讲评，并采纳合理成分，这本身就是对他们的培养和锻炼。

④适当搁置。有些上会研究的议题，事关重大或多方关注，非常敏感，而与会领导成员分工站位不同，看问题角度有异，往往会出现“话不投机”、争执不下的现象。这时会议主持人应超越具体争议，将问题适当搁置，留待以后再议。

因为任何事情的产生、发展、暴露并充分认识都需要一个过程，形成统一意见的主客观条件也需通过时间推移逐步成熟。在这种情况下，主要领导不必操之过急，需要等待，或会下去做各方的工作，以便慢慢寻找解决问题的最佳时机、最佳环境。

(4)表态讲究见机行事，知进退

作为企业领导者除了要处理事关全局的大事以外，日常接待职工问询或来访也是份内之事。这些需要答复处理的事宜或大或小，或急或缓，或繁或简，或虚或实，可以说五花八门，要想都有大致合理适当的答复，可真要劳心费神哩！

有些事提出来，领导者早就心中有底，手中有数，很明了，富有底气，比如有的事不大，但很急；有的是小事一桩，但关系群众利益；有的触动民怨，必须马上化解，这时，应“快刀斩乱麻”，表态要干脆利索，不含糊其词，不拖泥带水，让职工期盼而来，满意而去。

当有人提出问题要求解决时，火气大，情绪激动，你对此事一无所知，对来访人的背景又不太清楚，但不愿让其太扫兴，表态时措词要斟酌，尽量原则、笼统一些，话语有一定的伸缩性。并预留调研时间，及时了解真相，适时答复回音。

有些问题政策性强、延续性强，有不确定性，必须根据企业发展情况决策，领导者表态时应留有余地，不可把问题说满、说死。比如有个单位准备每月增发超产奖，起草文件时，特意加上“如经营状况允许”的前提；决定实行午餐补贴时，明确提出：如资金没有保障，此办法自行终止。这样，本身就堵塞了日后某些闲话说词，赢得了工作主动权。

对构成因素复杂，涉及方比较多，非力所能及的问题，表态更应慎重，要让对方既看到你的诚意，又了解你的难处，还能看到你所做的工作。比如有的技术人员要求日后能聘任技术职称时，你不妨告诉他："只要你通过努力考试通过，上级又能给聘任指标，周围同事对你没意见，单位领导肯定会聘你。"这里，起码预留了3个前提条件，要想完全符合条件，需要各方的共同努力。事后，如果达不到目的，当事人也会理解谅解你，感激你付出的努力。

近年来，群体性上访事件增多，这类现象最为棘手。比较恰当的办法是一稳二分三盯四决。所谓稳，就是稳住大多数，拿出统筹考虑、及时反映的姿态，让大家吃"定心丸"，防止事件蔓延、激化；所谓分，就是分而治之，让有关单位管理自己的人，分头做工作，了解大家的要求；所谓盯，就是对个别串联煽动闹事的，要盯住不放，多方出击，"消火顺气"，满足合理要求，打消过分的期待，集中做好安抚情绪的工作；所谓决，就是下大力量着手解决，只要要求合理，及早做出答复，超越权限的，请求上级早日议决。总之，做好这方面的工作，宜早不宜迟，宜导不宜堵，宜群防群治不宜久拖不决。

(5)学会说"不"的技巧

①替代法。有的事很敏感，引发群体特别关注，"瞪大眼睛看结果"。作为企业主要领导，握有实权，往往会成为寻求利益的集中点，如果你陷于其中，重要事务顾不上，是非还会找到头上来。这时，你应成为具体规定的组织制定者，把条条订得公道一些。但具体事务可以不管，甩给主管领导，相对超脱。比如单位分配经济适用房，这可是招眼的事，你完全可以交给主管领导，成立一个分房委员会，让主管挂帅出征。主要领导则在大会上宣布："不理分房事，具体分房一按条件，二由分房委员会确定"。实际上，说不管是假的，"明不管暗管"，主要管定条条，管把方向，有的关系企业生存发展的"重点户"，暗中过问，不具体拍板。在实际工作中，有些事主要领导不宜直接出面，可以推给副职或中层领导，也可以拖延时间，适当推托。这种"推"不是回避矛盾，而是运用人的认识规律，等待当事人反省自己，消退"火气"，也是让有关领导暂时"挡驾"，静候转机，给主要领导最后出面，预留回旋余地。

②避让法。企业处在转轨变型期，尽善尽美没有缺陷的体制

是不存在的，合理不合法、合法不合理的事尚多，大的原则要遵循，具体实施要灵活，有时必须模糊一下，有点不成文的做法。特别是站段党政两个主要领导搭“伙计”要有些讲究。俗话讲：“一山不容二虎”，但是组织上把两只“虎”关在一个笼子里。你还得学会适应、学会调节、忍让，“两个眼睛瞪得一般大”不行，平时管人处事必须有的唱红脸，有的唱白脸，有时办一件事可以有不同的路径，没有是非之别，说不上哪好哪坏，不必“一争高低”。如果都具备互相理解、互相补台的心境，事情就好办得多。

③沉默法。有一句话讲：“沉默是金”。沉默可以给自己和对方都留有余地，留下思考的时间，甚至可以挽回败局。

沉默是无声的语言，它可以使对方从沉默中看出端倪，适时调适自己，调整决策，取得意料之外的成效。适时沉默，除了可以不战而胜之外，还会防止成为别人的靶子和目标。

沉默是一种气度，有时会取得比反抗更高一筹的功效。

④聋哑法。它同沉默有相通之处，主要是当事者同对方有较大的分歧，碍于场合和对方权威性不能直接表达自己的看法，但又不愿意讲违心的话，做违心的事，适时将锋芒遮掩起来，善于“守拙”，等待表现的机会，这实际上是领导者意志坚定性和原则性的深层次体现。“文革”前，某位省级高级干部因对有些“左”的做法有意见，一开会，便远离主席台，不吭不哈，无任何意见的表达。因此，有人便戏称之“哑巴吃饺子——心里有数”。

85. 挑战缺陷的是人才

有一个小男孩从小就立志要成为柔道高手，但他在 10 岁时不幸因一次车祸失去了左臂，不过他并未放弃原来的理想。后来，恰巧有了机会，开始师从于日本柔道教练学习柔道。他学习很有进步，但教练传技十分吝啬，半年功夫只教给他一招。不过他没有丝毫的放弃。终于有一天，他忍不住问师傅：“我是不是应学点别的？”师傅回答说：“你只要练好那一招，就可以达到目的。”

一年后，男孩报名参加了正式比赛，出乎他预料地轻松拿下了

前两轮，第三轮刚开始，对手就开始反攻，小男孩迅速果断地拿出“杀手锏”，制服了对手。决赛结束后，男孩从容地登上了冠军领奖台。

男孩后来疑惑地请教师傅：“为什么只有练好了这一招，就能拿下冠军？”教练笑了笑，揭开了其中的奥秘。原来男孩学的这一招是柔道技巧中最难掌握的一招。更重要的是对手如果想破这一招，必须抓住男孩的左臂。结果，男孩的缺陷成了他克敌制胜的最有力武器。

由此可见，从容面对缺陷，向缺陷发出挑战，缺陷在某些因素的作用下，也可变为财富。

启示一，认识自我是挑战缺陷的必要前提

金无足赤，人无完人，每个人都有自己的缺陷和不足，有的人面对缺陷，“抱残守缺”，唉声叹气，甚至产生自卑心理，千方百计掩饰其外在的表象，不从内涵里认识自己，发掘自己，改变自己。

实际上缺陷是客观存在的，甚至是先天的。进一步讲，它大多数是人与人之间表象上的一种差异。凡事有一利就有一弊，这是人之两情事之两面，把自己的不足低估了，会把尾巴翘到天上去，自我弦耀，自我欣赏；把个人的缺陷看重了，也会抬不起头，直不起腰，整日萎靡不振，甚至“破罐子破摔”。造物主应该说是公允的，任何事物的问世，包括各式各样的人，都有其存在的价值，都有其各自的领地和舞台，会派上不同的用场。只要尊重自我，善待自我，有一颗自信自强之心，生生不息，忘我进取，就能获得自己的一份阳光，展示自己丰富完善充实的一面。

启示二，挑战缺陷要经历非凡的艰辛

孟子有一句话，生于忧患，死于安乐。忧患和安乐是两种不同的生活方式，一个培育信念，另一个倡导平庸。

据说，牧民家的骆驼秋天放着青草不吃，偏要吃干草，问其原因何在？牧民回答说：“骆驼是一种忧患心理极强的动物，它害怕主人第二天就让它穿越沙漠，它必须早做准备，耐住饥饿，而食用干草要比青草耐饥得多，一头成年骆驼一晚上可以慢慢咽下几十斤干草。

平时，我们只知道骆驼穿越沙漠时具有非凡的韧劲和耐心，却不知道它提前要预作的准备和经历的艰辛。

有一句话讲得好：吃得草根，百事可做。动物学家试验表明，狼群的存在使羚羊变得强健，狼群的危险消失了，羚羊会变得百无聊赖，失去奔跑之力。同样的现象也适用于人类，真正的人生需要磨难，需要顽强，需要耐得住恶劣环境下的煎熬。应该懂得：“失意”是暂时的，但“放弃”可以让它变成永久的状态。一个真正在恶劣环境下不屈不挠、勇于进取的人，才能战胜环境，战胜自己，最终达到光辉的顶点。相反，一个人如果有磨难就自暴自弃，迷失自我，纵使没有任何缺陷，也难以担当重任，成为有用的人才。

启示三：“缺陷”巧用也能变“财富”

这里有一个外国科技界名人小时得到“高人”指点，意外成才的故事。

有一个孩子，在上中学时，父母曾为他选择了文学这条路。只上了一学期，老师就在他的评语中写下了如此结论：该生用功，但做事过分拘礼和死板，这样的人即使有着完善的品德，也决不可能在文学上有所成就。后来，一位化学老师了解他这个缺点后，认为他做事过份认真和死板，正好适合做化学实验，便建议他改学化学。这一次，他的缺点正好用在他适合的位置上，因为做化学实验需要的正是一丝不苟。他好像找到了自己的人生舞台，化学成绩在同学中遥遥领先，后来，他荣获了诺贝尔化学奖，他的名字叫奥托·瓦拉赫。奥托·瓦拉赫之所以能成为一个有用之才，就是因为很好地利用了他的缺点。

铁路企业也有这样的事例，某工务段对全部员工进行了性格测评，他们不是根据员工的优点来安排工作，而是按照每个人的缺点来安排岗位，譬如让爱吹毛求疵的当质量验收员，让争强好胜的去抓安全生产，让好出风头的去搞多经开拓，让斤斤计较的去管仓库，等等。

实际上，在生命的荒漠上，唯有坚毅的智慧之光能照亮黑暗的沙漠，使人满怀希望和必胜的信念朝前走。在行走的路途中，要勇于直面不完善的自我，从自身条件不足和所处的不利环境的局限中解脱出来，去做想做的事，并相信自己总能把某些事情做得更好。

要做到这一点，就应关注弱点，孤立缺陷，研究它的缺失带来的消极影响，考虑如何将其限制在一定的范围内，弱化它，抑制它，消减其不利的影响，避免引起连琐反应；反思一下缺陷形成的原因，属于先天的正确对待，属于后天的主观抑制，性格的原因注意调整，实践中养成的自觉地消除；设计一个弥补弱点的步骤，寻找“治愈”的有效方法，通过营造环境、改变习惯、发散思维、创新理念等方式来逐步接近目标，并不断提出新的目标值，逼迫自己投入不同寻常的力度，去实现既定的想法；将缺陷和不足研究透彻，试着强化相邻部位的作用来代替它，或者出奇制胜，化“弱”为强，化“缺陷”为财富，像小男孩练柔道那样，在“缺失”之处繁衍“新枝”，辟出蹊径，在哪里失去在哪里找回来，以得到方方面面的认可。这样，你就会成为某一领域的奇才和强者，赢得人们的接纳和赞美。